"中国劳模"系列丛书

机电安装"圣手"
李振月

王长新◎著

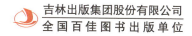

吉林出版集团股份有限公司
全国百佳图书出版单位

图书在版编目（ＣＩＰ）数据

机电安装"圣手"：李振月 / 王长新著. -- 长春：
吉林出版集团股份有限公司，2024.3
（"中国劳模"系列丛书 / 徐强主编）
ISBN 978-7-5731-4491-1

Ⅰ.①机… Ⅱ.①王… Ⅲ.①李振月－传记 Ⅳ.
①K826.16

中国国家版本馆CIP数据核字（2024）第012192号

JIDIAN ANZHUANG "SHENGSHOU"：LI ZHENYUE

机电安装"圣手"：李振月

出 版 人	于 强	
主　　编	徐 强	
著　　者	王长新	
组稿统筹	东北师范大学文学院创意写作研究中心	
责任编辑	宫志伟	
装帧设计	刘美丽	

出　　版　吉林出版集团股份有限公司
发　　行　吉林出版集团社科图书有限公司
地　　址　吉林省长春市南关区福祉大路5788号　邮编：130118
印　　刷　唐山富达印务有限公司
电　　话　0431-81629711（总编办）
抖 音 号　吉林出版集团社科图书有限公司　37009026326

开　　本　710 mm×1000 mm　1 / 16
印　　张　10
字　　数　110 千字
版　　次　2024 年 3 月第 1 版
印　　次　2024 年 3 月第 1 次印刷

书　　号　ISBN 978-7-5731-4491-1
定　　价　50.00 元

如有印装质量问题，请与市场营销中心联系调换。0431-81629729

序 言

　　劳动创造财富，劳动创造幸福，劳动创造未来。习近平总书记在2020年全国劳动模范和先进工作者表彰大会上的讲话中指出："全社会要崇尚劳动、见贤思齐，加大对劳动模范和先进工作者的宣传力度，讲好劳模故事、讲好劳动故事、讲好工匠故事，弘扬劳动最光荣、劳动最崇高、劳动最伟大、劳动最美丽的社会风尚。"当今世界，综合国力的竞争归根到底是科技人才和高素质劳动者的竞争。改革开放以来，我们强大的工人队伍用辛勤的劳动和拼搏奉献的精神推动中国制造、中国智造、中国创造走向世界的前列，新时代的中国面貌日新月异。大力弘扬劳模精神、劳动精神、工匠精神，加强高素质技能人才队伍建设，打造一支宏大的知识型、技能型、创新型劳动者队伍，是伟大时代赋予我们的历史责任。

　　劳动模范是民族的精英、人民的楷模，是共和国的功臣。自改革开放以来，广大职工勇立改革潮头，独立自主，奋发图强，勇于创新，其中涌现出一批批全国劳模和大国工匠。他们参与建设了代表中国高度、中国速度、中国深度的一系列重大工程，提升了国家实力，打造了"中国名片"，树立了"中国品牌"，增添了"中国力量"，充分释放出工人阶级的创新活力，展示出大国工匠的强大创造力。他们以工人阶级的满腔热忱在各自平凡的工作岗位上取得了辉煌的成绩，书写了新时代的壮丽篇章。

爱岗敬业、争创一流、艰苦奋斗、勇于创新、淡泊名利、甘于奉献的劳模精神，崇尚劳动、热爱劳动、辛勤劳动、诚实劳动的劳动精神和执着专注、精益求精、一丝不苟、追求卓越的工匠精神，是广大劳动群众在社会生产实践中锤炼形成的弥足珍贵的精神财富，是工人阶级伟大品格的具体体现，是民族精神和时代精神的生动诠释。民族复兴需要劳动模范，祖国强盛需要大国工匠，中国制造、中国智造、中国创造更需要大国工匠的强有力支撑。劳模、工匠等的成长故事、先进事迹中承载的劳模精神、劳动精神和工匠精神，是激励全国各族人民团结奋斗、勇往直前的强大精神力量。

"中国劳模"系列丛书，采用图文结合的方式，讲述全国劳模、大国工匠和先进工作者们的成长经历及他们追梦、筑梦、圆梦的故事，用他们在平凡岗位上创造不平凡业绩的真实故事感染读者，推动形成劳动最光荣、劳动最崇高、劳动最伟大、劳动最美丽的社会风尚，引导广大技术工人和青少年形成劳动光荣、技能宝贵、创造伟大的观念。

"匠心筑梦，强国有我。"新时代是一个万象更新、生机勃勃的时代，也是一个继往开来、创新创业和建功立业的大时代。希望广大读者能以劳动模范为榜样，以大国工匠为楷模，立志技能报国、技术强国，踔厉奋发，勇毅前行，锤炼思想品格，汲取劳动智慧，勇于担当、勤于钻研、甘于奉献，为推进新型工业化和乡村振兴，为加快建设制造强国、质量强国、航天强国、交通强国、网络强国、数字中国、农业强国，全面建设社会主义现代化国家贡献青春力量。

中华全国总工会副主席（兼）

中国航天科技集团有限公司第一研究院

211厂14车间高凤林班组组长

2022年11月

传主简介

　　拼搏与努力，铸就了卓越的业绩；奋斗与汗水，成就了事业的辉煌。岁月的痕迹屹立在时光里，追忆着李振月的沧桑人生。李振月的成长引人深思回味：成功不在于起点，而在于目标和方向。

　　李振月的起点可以说是很低的，1980年，他出生在山东省聊城市东昌府区堂邑镇教场李村一个普通农户家里。1995年，李振月的母亲因病去世，初中还没毕业的李振月，从一无所知的学徒工开始做起，凭借超常的勤奋与毅力，奋斗不止，实现了从打工者到行业排头兵的华丽转身，创造了从辍学打工到2008年成为"全国优秀农民工"的佳绩。后来他受到党和国家领导人的接见，2015年进入北京人民大会堂领取全国劳动模范奖章；2017年当选中国共产党山东省第十一次党代表大会代表，而且是主席团成员；2018年被中国海员建设工会评选为全国建筑行业的

"大国工匠"，被选为中华全国青年联合会第十三届委员、中国工会第十七、十八次全国代表大会代表；2019年获得中共中央颁发的"庆祝中华人民共和国成立70周年"纪念章……如今的李振月是山东聊建第四建设有限公司（以下简称"聊建四公司"）总经理、高级技师。

"大厦之成，非一木之材也；大海之阔，非一流之归也。"如果他没有积聚智慧和力量，如果他没有砥砺前行的奋斗精神，如果他没有用坚强和勇敢承载希望，他是不可能一路攻坚夺隘、披荆斩棘，实现一个又一个梦想，创造一个又一个奇迹的。

李振月用他的亲身经历告诉大家，从草根机电安装人到全国建筑行业的"大国工匠"，一切皆有可能。

目　录

第一章　马颊河之子

马颊河甘甜的乳汁哺育了李振月，也为他的职业生涯提供了最初的滋养。故乡是一个人的精神密码，童年的苦难让李振月看到了人世的艰辛，生活的严峻也成为打磨他性格与人品的磨刀石。正是这种艰苦的生存环境，锻造了他刚毅不屈的性格、百折不挠的个性，也预示着李振月能走多远、飞多高。

心灵的港湾

一

马颊河，为古九河之一，因河势上广下窄，状如马颊而得名。几千年来，它用清澈而甘甜的乳汁滋润着两岸万顷良田，哺育了两岸的百姓。

马颊河优美的景色是令人陶醉的。平日里，泛舟马颊河，波光影醉人。清凌凌的河水平稳舒缓，水质清澈透明，时常可以看到窜来窜去的小鱼和柔波里招摇的水草。整个河面如绰约多姿、纤细俊秀的江南少女，那样的柔，那样的清，那样的美。俯瞰马颊河，那波光粼粼的河面，犹如一条旖旎多姿的星光大道，又像一条蜿蜒曲折的碧玉带，一路逶迤，风光无限。而有时，马颊河又是波涛汹涌令人感动、振奋的。下雨时，雨点像一串串晶莹透亮的珍珠，溅起河面上一朵朵水花，汇成了一首快乐的奏鸣曲，美妙动听。可每到汛期，它却汇集起豫北和鲁西南地区的客水，如利剑般从西南向东北斜插而来，像粗犷豪放、狂野不羁的鲁西大汉，咆哮着，奔腾着，肆虐着，浩浩荡荡奔腾东去，一往无前。

二

有了河流的滋养，便有了生命的律动、生活的美好。行走在静默无言的马颊河岸边，不禁使人思绪飞扬。

从上古时期黄帝战蚩尤时的不屈不挠，到西汉名将陈汤说出"明犯强汉者，虽远必诛"这一豪言壮语时的霸气，中华儿女骨子里流淌着崇德尚武、精忠报国的精神。有了这种精神，还有什么样的艰难困苦不能战胜？有了这种精神，还有什么样的人间奇迹不能创造？

我们的主人公李振月就来自这里，他感谢家乡的河水，河水养育了他，也陶冶了他。在后来的无数个日子里，当李振月工作繁忙、心情烦躁时，他只要想一想家乡的马颊河，心情就会平静下来。就是在他成为全国劳模后，他心中也始终牢记着家乡的沃野碧水，牢记着家乡的一草一木。他觉得家乡是他的根，是他的靠山，也是他心灵的港湾。

苦涩的童年

1980年1月24日，山东省聊城市东昌府区堂邑镇教场李村一个普通农户家中，随着一声响亮的婴儿啼哭，一个新生命降临人世，他就是李荣章的第二个儿子，父亲请人按辈分为他起了个名字——振月。

一

李振月的童年生活有过欢乐。

那个年代的家庭，大都过着窘迫的生活。但父亲勤劳能干：编筐编篓像模像样；制作的小收音机，竟真能收台；不管是什么样的小农具，他都能维修。不仅如此，父亲还在外干点儿水暖安装的零活儿。母亲吃苦耐劳，省吃俭用，会过日子，一家人玉米饼子、地瓜窝窝还能吃上，逢年过节还有白面馍馍端上桌。

留在李振月印象中最深的一件事，就是他到姥姥家走亲戚，姥姥拿出好不容易偷偷留出来的硬糖球给他吃，他竟嫌孬，非要"大白兔"奶糖不可。

小时候，父母非常疼爱李振月和哥哥。李振月的父亲每天下班回来都会给他和哥哥买好吃的。一开始，李振月很高兴，可后来他就总会说："爸爸，别给我们买好吃的了，留着钱给自己买饭吃吧。"他越这样说，父亲越高兴，感觉这孩子从小懂事、乖巧，就越发地疼爱他。

就这样，李振月从小在爸爸、妈妈和哥哥的呵护下茁壮成长。

李振月喜欢和小朋友们一起玩老鹰捉小鸡的游戏，每次他当"老鹰"时总能很快抓住"小鸡"。

1986年秋季，6岁的李振月背着书包走进了本村简陋的初级小学。他上学非常用功，第一学期就考了"双百"，并当上了班里的学习委员。

二

李振月的童年生活也会有悲伤。

天有不测风云。李振月初次接触人生的苦难正是在他上小学那年，祸从天降，母亲得了糖尿病。父亲带着母亲四处求医，大小医院都看了，就是看不好。

母亲得病后，不能干农活，还得经常住院。为了给母亲看病，全家人节衣缩食，原本并不富裕的家庭出现了"经济危机"，生活每况愈下，他们经常是吃了上顿没下顿……

说起辛酸与艰难，其实不只体现在吃的方面。李振月记得9岁那年，为给母亲治病，家里的钱花光了，父亲到处借钱为母亲看病。但当他看到母亲将自己的褂子改成衣服给哥哥穿时，还是非常羡慕，哭着闹着非让母亲也给自己改一件。

母亲没有多余的衣服，只能哭着跟李振月说："好孩子，等哥哥穿小了，明年就给你。都是我这病拖累了全家。"看着母亲那痛哭的样子，李振月虽然小，但也知道是自己不对。

"妈妈，是我不好，我不要了，不要了！"李振月怕母亲难受，哭着抱着母亲请求原谅，母子两人哭成一团。

为减轻父母的家务负担，李振月学会了洗衣服、做饭、拆洗被褥，甚至蒸馒头、包水饺、炸油饼，虽然说味道和模样都不怎么样，但是母亲总是微笑着说好吃。

当时看到母亲能够多吃一点儿饭，李振月心里就特别高兴，因为他觉得母亲只要多吃点儿饭，身体就好了。他特别害怕失去母亲，每当听到小伙伴唱《世上只有妈妈好》的时候，他就偷偷流泪。但他不敢让大家知道，更不敢让父亲知道，怕父亲伤心。

每天放学回家，只要看见躺在床上的母亲身体状况平稳，李振月心里就会涌上一份踏实的幸福。依偎在母亲身旁，抚摸着母亲温热的手掌，他有种可以永远拥有这种幸福的感觉。

后来，李振月的母亲还是因糖尿病及并发症在1995年的麦收前永远地离开了这个世界。

母亲走后，李振月悲伤无比，不能自拔。他总是躲在房间不吃不喝，也不做事。他第一次明白"心痛"不是一种形容，而是真实的感受——心如针扎一般。他感觉整个世界都昏暗了，脑子里空荡荡的，唯有悲戚。

三

失去了母亲的李振月生活更加艰辛。

为了减轻父亲的负担，李振月学着父亲的模样，下地劳作，锄地、拔草、收割庄稼，尽最大努力干些力所能及的农活。

在李振月13岁那年，父亲带着哥哥到聊城打工去了，晚上也不回来。家里七亩玉米已经成熟，需要收割。父亲和哥哥不在家，他只能靠自己。于是，他先掰下玉米，然后将玉米装在车上往外拉。一车拉不动，他就拉半车；土埂上不去，他就找来砖头垫上，一点儿一点儿往外拽；拉到家后，还要把玉米弄到房顶上去晾晒。

十几天里，李振月吃饭，就到村里馒头房要；喝汤，自己用开水焖一壶小米汤；吃菜，自己院里种着黄瓜、豆角，有时间就炒熟了吃，累了就将黄瓜擦一擦生吃。就这样，李振月起早贪黑，将七亩地的玉米全部收回家，并晾晒到房顶上。

据李振月的父亲回忆，那年他去交公粮，家里只剩李振月一个人。可是突然变了天，顿时风雨交加，风刮得人都站不住。李振月的父亲想这下可完了，满房顶的粮食不是被刮没了，就是被淋湿了。当他回来后，竟然看到房顶的粮食已用塑料布盖得严严实实的。

因为给母亲看病花了很多钱，所以有时候父亲连李振月的学费都拿不出来。那时他们家在教场李村算是数一数二的穷，自上学以来哥儿俩就没换过一次新书包，初中快毕业了，哥儿俩穿的还是补丁摞补丁的裤子。

"你们都是你娘身上掉下来的肉，我一定要把你们养大，得让你们吃饱穿暖，到那边也好向你娘交差。"无论生活再怎么艰苦，父亲都没有愁眉苦脸，他总是以乐观的态度面对生活，希望能让他们哥儿俩上高中，上大学。

"父亲那时才四十多岁，可是看上去却有五六十岁的样子。他既当爹又当娘，家中的重担都压在他一人肩上，家里的一切事都是他奔波操劳。"李振月早就掂量出父亲艰难度日的沉重，体味到父亲的辛酸。他很心疼父亲。

"都十五六了还不能替父亲分担家庭的重担？"李振月常常坐在马颊河边偷偷地流泪，他总在问自己能不能替父亲分担，最终答案是能。尽管李振月渴望上大学，而且也做过上大学的梦，但他清楚上大学对于他来说是一个可望而不可即的梦想。他不得不面对现实。

当时的李振月毫无办法，他的人生似乎一眼就能看到尽头，于是他只能强忍内心的憧憬，下定决心辍学外出打工，帮父亲赚钱养家。

 第二章 既然选择了，就要风雨兼程

创新不是口号，而是植入思想的意识，是对工作永不满足的追求，哪怕是最平凡的岗位，也能绽放出灿烂的创新之花。李振月在机电安装工作中，不断汇聚创新要素，一个个创新发明释放着创新动能，一张张安装草图描绘出更具想象力的创新远景。

"要么不干，要干就要干好"

1995年春天，久旱无雨，热风裹着尘土、柳絮，在黄土地上呼啸着。这时，从马颊河畔的田野上走来一个俊秀潇洒的青年，他背着行李，手工书包里装着两个窝窝头。他顶着尘土黄风，向聊城方向走去。他就是初中还没毕业，年仅16岁的李振月。

一

俗话说："积财千万，不如薄技在身。"李振月知道自己不能上学了，他决定学一门安身立命的手艺。那一年他只身来到聊城一个水暖安装队当起了学徒工。虽然见过父亲安装管道，他也帮忙上过扳手、打过夹子、拧过螺丝……但当真正从事水暖安装工作时，李振月才发现搞水暖安装远远没有他看到的那么简单。水暖安装工的生活，比他预料的更脏更累更辛苦。

数九寒天，凛冽的北风伴着雪花，好像鞭子一样抽打在李振月的脸上。冬天里，最先冻的总是手脚，李振月的脚上长满了冻疮，手上满是裂开的口子，钻心地疼。特别是用手抓着铁管时，李振月才知道什么叫作刺骨的冷，好像这冰冷会沿着骨髓一直刺穿心脏。晚上，李振月住在工地上用白铁皮做的工棚里，工棚四处漏风，他只能拿些板子挡上门窗，再在地上铺床破褥子睡觉，这宿舍冷如冰窖，冻得他浑身哆嗦。

盛夏，骄阳似火，酷热难耐。室外，热浪灼人，李振月顶着炎炎烈日与工友们挥汗如雨铺设管道。室内，闷热如同蒸笼，不动一身汗，一动汗满衫。他们汗流浃背地钻地井、搞安装，工作服湿了又干，干了又湿，黏糊糊地粘在身上，析出了一道道汗渍。

"那时真的很累，很辛苦，一天下来浑身疼，没有力气。"李振月感慨道。

二

现在的李振月每每谈起这些事，已是云淡风轻。其实，他刚开始在工地工作时，也曾想过逃跑，因为太苦太累了，但他从来没有真正离开过。当时的他切切实实地经历了一番挣扎。

"要么不干，要干就要干好。""三百六十行，行行出状元。只要自己认真干，练就一身过硬本领，就一定能干出名堂来。"父亲的教诲，深深地烙在李振月的记忆里，这话也像一束光，照进了这个马颊河之子的心灵，让他知道了人的一生应该怎样度过，也让他明白了在这个世界上一个人安身立命的根本是什么。

每次累了，李振月就暗自告诫自己：一定要坚持，要努力，只有拼尽全力好好干，才能活出个样儿来；一定要干出个名堂来，靠自己的双手创造辉煌的人生。这既是给自己的交代，也是让父亲和天上的母亲安心、放心。

为此，李振月把工作中的苦和累当成考验意志和锻炼自己的最好方式。工地上，数李振月年龄最小，但他生性好强，在工作上铆足了劲儿，工作起来很积极，什么活儿都抢着干，也舍得下力气，总想干得更好一点儿、更多一点儿。工作服被一次次浸湿，留下一块块白色的盐斑；额头的汗水被一次次吹干；手心的老茧一层层叠起……

"小振月跟我学技术时很勤奋、很用心，他的勤奋是我20多年工作中少见的。每天下班大家都回家休息，他却留在工地继续练习安装技术。作为师傅，我真感到欣慰。"李振月的第一位师傅朱双喜如是说。

"这小子挺带架，性子稳，肯吃苦，有股子钻劲儿，将来是把好手！"时间久了，带李振月的师傅们都愿意多教他一些。

三

对于初出茅庐的李振月来说，工作环境的艰苦只是一方面考验，更大的考验是安装的操作技术、图纸和工艺上的困难。楼房水暖安装是个技术活，对构件精度要求很高，每一个零部件都要按照图纸进行安装。刚开始，李振月看着眼花缭乱的施工图纸，怎么也看不明白。

"学习能力和持之以恒的精神是制胜的法宝。"虽然李振月的起点比别人低，基础比别人差，但他认定了一个理：干一行就要学一行，钻一行，精一行。为了熟练掌握施工的每个环节，李振月坚信笨鸟先飞的道理，他知道加倍努力就一定能学好。所以，他从每个管件的名称学起，从钢管套丝、丝头缠麻练起，一样一样地学，一样一样地钻，认真走好每一步。他非常珍惜来之

⊙ 李振月在检修管道

不易的工作机会。别人干活，他总是在旁边仔细观察，眼睛始终不离开老师傅们的手，看老师傅们怎么干、怎么处理问题，认真学习每一个动作，遇到不懂、不会的问题，他就虚心向有经验的老工人师傅请教，边看边问，边学边悟，决不放过任何疑问。每次完成一项安装工程，他都将师傅们在工作中对安装的判断、安装要领、处理方法一一记在本子上，逐一琢磨。

由于李振月文化程度低，总是有不认识字或者不理解词，于是，他从夜市地摊上买来一本字典，遇到不认识的字他就查字典、作标注，一个字一个字地看机电安装教材。他不怕基础差，不怕起点低，不怕被人笑话，他始终认为技术是用勤奋和踏实积累出来的，他满脑子想的都是学习和钻研的事。空闲时间，他把主要精力用在熟悉图纸上，在别人打扑克、睡觉时，他却低头研究图纸，背原理，记公式。下了班，别人回宿舍休息，或外出溜达，他却一个人拿着图纸一遍一遍到施工现场确认，反复练习，仔细揣摩，认真钻研，常常一研究就是几个小时。再不然，他就跟着书本学习理论知识，通过学习机电安装设计、制图等教材，填补知识空白。有人笑话他："你一个'土里刨食'的农民工，还想以后有多大出息？"李振月只是憨厚地笑笑，可心里却憋着一股子劲儿。"只要不断努力，我一定能成为优秀的技术安装工。"

能吃苦、肯钻研、拼命干是别人对李振月的一致评价。工作中，李振月一直没有停止过学习，只要和自己工种有关的建筑工程类的知识他都学。正是凭着这种"搞不明白誓不罢休"的拼劲儿和吃苦耐劳的狠劲儿，李振月经过两年的摸爬滚打、勤学苦练，终于熟知了各种管件的名称及用途，熟知了各种管道的施工方法，能独立看图施工了。他从一名年轻、缺乏安装经验的门外汉，成长为一名理论知识扎实、实践经验丰富的行家里手、技术尖子，并渐渐地能独当一面了。很快，他被领导破格提拔当了水暖安装班组的班组长。

从"打游击"变成"正规军"

一

刚走上班组长岗位的时候，李振月不仅感觉肩上的担子重了，肩负的责任大了，接触的面广了，同时也明显感觉自己的知识储备不足，管理经验匮乏。

"打铁还需自身硬"，作为班组长，他一直注重自身素质的提升，总是坚持比别人多走一步、多看一眼、多学一点儿，不断强化自己的知识储备和经验积累。为了尽快提升自己的工作能力，他开启了"白+黑""五+二""晴+雨"的工作模式，啃书本、做笔记、跑现场、多请教，全力保持学习韧劲儿，一刻也不松懈。

李振月知道，要想在工作岗位上有所成就，没有扎实的基本功和超乎寻常的付出是绝对不行的。于是他不放过任何一次学习和提高的机会，持续不断地在干中学、学中干。每次技术人员来指导，他都仔细听、认真记，工作不忙时就对着图纸、围着安装工程琢磨；下班后，跟着书本学习理论知识，通过学习安装工程涉及的各专业的教材、规范及施工工艺，填补知识空白，提高自己的专业技能。按李振月的说法就是"只要与工作有关的，都愿意去学，而且主动去学"。

作为班组长，李振月还要对班组的方方面面工作了如指掌、烂熟于心，每天他都早早出现在施工工地，他要了解班组的实际安装施工情况，检查工艺纪律和技术要求的遵守和执行情况。从后路到迎头，每一个岗位，每一道工序，他都会边学边改，不懂就啃书本，或请教有经验的老职工和领导。正是这样认真细致的工作态度，让他能预先发现隐患；逐渐丰富的知识储备和大量丰富的工作经验，更能帮助他快速处理隐患，及时纠正止损。遇到哪个岗位忙碌，他就及时顶上去。

除了现场管理外，李振月还拥有明确的个人职业规划，长期坚持设计、技术、施工、经营等多元化、综合性发展。他身兼施工员、技术员、材料员等多个职位，白天坚守施工现场，晚上研究设计图纸，还要编制后续方案。同时，他还将遇到的施工情况、处理步骤以及注意事项等详细记录下来，不断加深记忆，练就了"严、细、稳、准、快"的严谨作风和精湛技艺。

二

靠着勤跑、勤看、勤记、勤思的好学劲儿，李振月在摸爬滚打中迅速成长，如同一块历经了烈火淬炼的钢坯一样，实现了从初入社会的青涩学徒工向机电安装行家里手的蜕变。他不但能自己承揽一些水电暖安装的小工程，而且还成了大公司的外协施工人员，也就是在一次次外协中，李振月被大公司的"伯乐"发现，让他这匹"千里马"有了更广阔的驰骋空间。

"都几点了，才磨磨蹭蹭地来，要是我的工人，早就让他收拾东西走人了！"那是2002年冬季第一场大雪之后，为了赶工期晚上加班，李振月在大公司的安装施工现场，看到一个穿着工作服、戴着安全帽的"工人"姗姗来迟，他就在众目睽睽下跟当时自己的班组长说。

"来晚点儿，又不是什么大事，何必小题大做？"

"凡是违背规章制度的事情，都不是小题，是大题。俗话说，小洞不堵，大洞尺五。千里长堤，溃自蚁穴。"对这件事，李振月非要"小题大做"。

"是啊，小伙子，你说得很有道理，没有规矩不成方圆，干工作就得坚守原则、遵守规矩，否则，谁都可以晚来早走，还怎么干好工作？可惜，像你这样认真的人，太少了。"没想到这个"工人"竟是安装施工班组的直接领导，他是来检查工作的项目经理李胜来。

"李振月，我很欣赏你的性格，到我这里来吧，在我这里你会有更大的发展空间。"事后，这位领导了解到李振月的详细情况后，专门找到李振月，让他加入山东正泰工业设备安装公司，仍然当水暖安装班的班长。而且，这位领导还给李振月留下了"感觉不满意可以走人"的活话。

三

谁也没想到李振月的直言不讳，直接得到了大公司领导的认可。于是，2003年的春天，李振月走进了山东正泰工业设备安装公司的大门，成为这家安装公司水暖安装班的班长。于是，他带领的"打游击"的安装队员，摇身一变成为聊城安装界的王牌"正规军"。

"想想有点儿惶恐，当时若是李经理计较起来再被解除了合作，那在聊城这个地界上，我还怎么混？"说起这件事，李振月感觉那时自己年轻，说话有点儿欠考虑。

李振月在成为山东正泰工业设备安装公司的成员后，接到的第一个任务便是中通时代豪园憩园小区34号楼的机电安装工程。为了干好这个工程，他反复研究，集思广益，精心设计，匠心施工，不断寻求更方便快捷、省时省力的方法，先后在堵洞模板、太阳能支架等多方面进行大胆创新。其中，他创新改进的防水台、管根防水等，使防水成功率达到95%以上；他将打四个孔安装洗手盆的三角支架，改为打两个孔的短管墩，不但加快了施工进度，而且短管墩比三角支架更加牢固耐用。由于李振月的创新求索，该楼的机电安装项目被评为优质工程。李振月以此为起点，带领班组逐渐成为全公司实力最强、技术最优、擅打硬仗的班组，每年完成产值最多，工程质量最好；每年10个评比，他这个班组能拿9个第一，他所在的班组连年被评为"十佳班组"。很多土建队伍和业主单位指名让他施工。

把问号拉直，变成惊叹号

"干啥就得琢磨啥，不能稀里糊涂，只习惯于跟踪模仿不行，有自信的勇气才会有创新的机会！"这句话，经常挂在李振月嘴边。

"过去，我们总是要先花好长时间看别人做没做、怎么做，形成了习惯性的不自信。长时间在这种不自信状态下搞机电安装，很难顺利地切换到原创上，所以，我们需要一个深刻的观念变革才行。"

问题是"指示灯"，也是"导航仪"，全域视野离不开问题意识。在机电安装工程中，首要的就是敢于发现问题，善于发现问题，聚焦问题弱项，及时解决疑虑，在补齐短板上攻坚，把一个个问号拉直，变成惊叹号。

爱思考，喜欢发明和创造，无论遇到什么难题都会想方设法去解决，在多年的安装实践中感悟深刻。无论机电安装中有任何疑问，他都一门心思扑上去，恨不得马上研究、立刻解决。

——

"星空浩瀚无比，探索永无止境。"我们新时代每一个劳动者心中的星辰大海之梦，都应以行动去追逐。

　　李振月和工友们探讨问题时经常说，面对各种困难，不要等着别人"给答案"，而要主动"解方程"，只有主动去解决问题，才能成为机电安装领域的佼佼者。

　　"肯于动脑、勤于思考，爱琢磨、爱较真，肯钻研、善学习"是李振月的同事们给他的评价。作为班组长、高级工程师，李振月刻苦钻研安装施工中的各种难题，每当遇到困难时，他总是迎难而上，查阅相关资料，仔细研究，反复推敲，深入分析水电暖安装施工领域常见问题的应对措施，有时一个问题弄不明白，急得他满嘴都起泡。

　　"我和别人不一样，这也可以算是一种'强迫症'，如果问题解决不了，我就无法停止思考。"李振月坦言。

　　"改进方法并不是凭空产生的，而是在遇到困难之后才有的。"就说解决地漏返异味的改装发明吧，这是李振月的那些发明中最让他骄傲的，为了这次改进，他整整想了三年。

　　地漏返异味在水暖安装行业是个通病，是个老大难问题，一直困扰着安装施工人员，成了难以攻克的顽症，李振月下决心彻底解决这一难题。他买最好的管料，用最好的水泥，安装上不行就拆，拆了重新安装，仍不行，再拆，再按……反反复复试验，但怎么做都不行，解决不了地漏返异味的问题。

　　"那时我也不过三十岁出头，压力大的时候，深夜里躺在床上，能清楚地听到时钟秒针'嘀嗒''嘀嗒'走动的声音，翻来覆去不能入睡。"李振月后来说。

　　就这样整整三年，他吃不好，睡不香，每天都在苦苦寻找着解决地漏返异味的方法。

⊙ 李振月（右）在金柱·大学城东苑工地检查工程质量

2014年的秋天，在英伦花园施工现场，李振月为解决地漏返异味问题正在发愣时，一个工友一脚踢到他跟前一节PVC塑料管子。他盯着两节圆圆的PVC塑料管子，看了又看，想了又想，恍然大悟，用"套管"不就能解决这个问题吗？

过去，地漏的高度在施工中很难把握，地漏过高或过低都会给施工带来极大不便。经过研究，李振月决定让地漏的外壁和管子的内壁尺寸大小一致，先将管道井套管预埋，再做地漏，等于给地漏加了一个"转换器"，用这种办法将过去四步走的方法，变为提前预埋PVC大小头的一步到位。施工完成后，李振月试着用嘴往上吹管子，上边一丝风都没有，异味自然就上不去了。地漏返异味这个难题终于被攻破了。

李振月仅仅改进了管道井管道布局，就使套管预留安装一次性成型，这样不仅解决了地漏水封不足出现异味的问题，而且节约了施工成本，加快了施工进度。因此，大家还给经李振月施工过的地漏起了个名字，叫"免检地漏"。通过改进，一栋居民楼至少节约上万元的施工成本。为此，聊城市建设工程质量监督站等部门专门召开现场会，让李振月介绍这项改进的经验，并在全市大力推广，使这种安装地漏的方法成为聊城本地安装行业标准，工人施工时必须严格遵守。

"其实地漏改装不能算什么大的发明创造，但它确确实实改变了千家万户地漏返异味的现象。在我们没改装之前，这是我们行业的一个质量通病。为什么会返臭味呢？就是水封不足，下水道的空气沿着地漏返出来了。但经过改装，地漏就能达到百分之百合格，而且施工工艺简单有效，还节约了大量的人力和物力。"李振月特别自豪地说。

二

创新是引领发展的第一动力，是企业发展和保持竞争优势的关键，也是工匠精神的灵魂。用务实的态度去创新，用忠诚的意识去奉献，这是李振月多年秉持的信念。因此，他紧紧抓住科技革命和产业变革机遇，大力强化自主创新。

在聊城眼科医院综合楼施工时，市场上买不到相应的配件，如用其他配件组合不仅影响观感，而且还浪费材料。李振月眼看着本就紧张的工期一拖再拖，心里十分焦急。

那段时间，他不仅在施工现场反复试验，回到家里也苦思冥想。晚上，他躺在床上琢磨，翻来覆去无法入眠，甚至梦里都在苦寻灵感。

已是下半夜了，他实在太困了，朦胧中竟然想到了制作配件的办法，如果拿PPR管（无规共聚聚丙烯管）下脚料用热水煨弯冷凝制作S弯，不仅美观，还提高了工作效率，也能节省大量管箍等材料。

想到这里，李振月一下子坐起来了。他悄悄起床，但还是把妻子给惊醒了。

"才几点，你干什么去？"

"我感觉我做梦梦到的办法应该能解决问题。"

"神经病，哪有你这样工作的，不要命了？"

"我到工地做个实验试试，能成功就解决我的一大心病了，躺这里也睡不着。"

到了工地，李振月一看表，才凌晨三点，他就在加工区按照梦中想到的办法，用钢管造出理想尺寸的工件，再用钢锯从中间锯开，烧开水，把PPR管下脚料放进去，用沸腾的水把它煮软，而后用钳子把它夹住，放到事先做好的钢管模具里，放到凉水里静置2分钟，然后拿出用米尺初步测量，完全达到了他想要的效果。

PPR管道施工后需打压，原来采用的方法是用PPR专用管帽将管口熔死，打压完后，再将管帽剪掉，这就造成了材料浪费。而李振月根据PPR的热熔性，将PPR管熔热后，在熔糊状态下，将其管口自熔为一体，经过打压实践，该方法能耐1.0MPa以上的压强，既快还省，为公司节省了大量材料。

这只是李振月创新工作方法中的一个例子，他还在其他工地上创新了许多简单实用的工作法。比如：在预留洞用铁套管焊扁铁，用木螺丝固定；在采暖管道井，将各管道套管连为一体，直接预埋在砼内……

三

"不管做什么工作，一定要尽自己最大努力做到最好。"这是贯穿李振月职业生涯的一句话，也是他在自己岗位上一直实践的。

这些年来，李振月每做一件事都力求完美，每走一步都脚踏实地，经常迸发出许多奇思妙想来。在他看来，创新就要敢于提出新理论、探索新路径、应用新技术，只有独创独有，才能领跑。李振月正是凭借多年积累的经验、独特的思路、过硬的技能，结合新技术的应用，不断地努力和钻研，在别人不愿干、觉得枯燥乏味的工作中找到了乐趣，在创新路上不断掘进，解决了机电安装过程中的一个又一个难题。这些年来，他改进施工工艺多达40余项，其中14项被业内沿用至今。这些工艺大大节省了人工、材料，解决了很多机电安装行业的通病。

看到李振月创新成果不断，有人问他秘诀，李振月的回答不假思索："秘诀就是把创新创效每天放在心上。""另外，钻研业务、技术创新，容易让人上瘾。我好像有一股子拗劲儿，这个工作只要我认准了，就会做实验，反对声大的时候我会默默地做实验，成功以后我会给他们展示，让他们心服口服。我感觉这样有一种成就感。干工作嘛，你就要干出点儿名堂来。"正是凭借着这股子夙兴夜寐、披星戴月的倔劲儿，天天与冰冷的管道打交道的李振月，不仅攻克了一个个技术难题与质量难关，而且他做出来的工程个个都称得上艺术品。

"道虽迩，不行不至；事虽小，不为不成。"李振月从天真懵懂的少年时代，到朝气蓬勃的青年时期，再到技艺精湛的中年时期，逢山开路，遇水架桥，勇攀创新高峰，用思想创新，用行动创效，攻克了一个又一个制约机电安装施工的难题，探索改进了一个又一个施工工艺，把问号拉直，变成了惊叹号。这一项项科技创新成果的背后，是李振月十几年如一日辛苦坚守的定力、反复操练的韧劲儿与精益求精的毅力。他是鏖战机电安装大海里的一朵浪花，更是聊城机电安装界里的一颗闪闪发光的宝石。

 第三章　心有多大，舞台就有多大

"安全重于泰山。这既是我们的初心，又是我们的追求，更是我们的责任与义务。"安装施工，安全为天。李振月深知，安全工作只有加油站，没有歇脚点。只有对安全多一点"不放心"，才能换来安装施工的"放心"。所以，他始终"把心放在安全上，把安全放在心上"，以最高站位抓安全，以最严举措管安全，以最大力度保安全，把安全责任和要求贯穿到岗到人，上下同频共振。

"宁让事前骂红脸，不让事后哭肿眼"

一

"安全就是饭碗，就是最大的福祉，容不得丝毫马虎大意。"这就是李振月以最高站位抓安全，决不装样子的"饭碗意识"。二十多年来，他牢固树立"事故不为零，一切皆为零"的安全理念，始终把安全问题作为班组建设的重要内容，经常开展安全生产警示教育，用血淋淋的事故事例引导大家牢记"第一职责"，树牢红线意识、底线思维。

为提高班组工友整体素质，强化工友的安全思想，李振月还组建了由优秀工友、业务能手组成的培训讲师队伍，经常组织学习安全知识、事故案例，通过发放"明白纸"、设置展板、举办知识竞答等方式，增强工友的安全意识，并采取微课堂、集中培训、定时轮训、"一对一师带徒"、技术比武等形式进行安全教育，有效提高了安全培塑教育的针对性和有效性，推动全员知责明责、履责尽责，营造了人人重视安全、人人守护安全的浓厚氛围，实现了从"要我安全"到"我要安全"，再到"我会安全"的意识转变。

"蝼蚁能溃堤，石子也能绊倒人，小事儿做不好，就会出大事儿。"这是李振月经常对工友讲的。"小隐患也能出大事故",因此,李振月养成了腿勤、嘴勤、手勤的好习惯。在施工前,他坚持"安全第一、预防为主"的原则,未雨绸缪查隐患,强化职责补短板,以预案编制为重点抓安全,并以施工预案的实用性、衔接性为前提,做好安全施工风险辨别、管控、评估等应急预案编制工作,科学预防和应对安全事故发生,从源头上消除了安全隐患,减少了事故造成的损失。

"认真细致、责任重大"是李振月心里一直紧绷着的一根弦。"我们的工作不能有一点儿疏忽,机电安装中的一个操作把手、一个阀门,甚至一个胶垫,都关系着千家万户的安全,一个小小的疏漏就可能造成区域性事故,大意不得。"在施工过程中,李振月总是这里瞧瞧,那里看看,了解现场情况,决不让一个隐患漏网;他总是来回走动,这里敲敲,那里摸摸,仔细查看施工现场是否有隐患,从根源上预防事故的发生,如发现任何异常,他会马上制止整改;他始终关心关注职工岗位操作全过程,总是这里"挑毛病",那里"找茬儿",凡是不符合标准的一律推倒重来,大到一个施工技术交底、一条作业线、一个班组,小到一个开关、一个螺丝,时时处处有标准,按标准操作、按标准考核,时时刻刻在细微处提醒大家遵章守纪,在工作中形成了安全施工、打非治违的高压态势和浓厚氛围。

二

"你不要命了吗?"

"不就几分钟的时间吗?出不了人命,何必大惊小怪?"

"不行！淹死的都是会水的。你不但没用鼓风机吹风，而且也没采取旁站、拴绳等防护措施就进去了，这样会因缺氧憋死的。"

"别吓唬人了，我们这里都这么干，也没见谁死了。"

"我告诉你，干完这个活儿后，你必须进行安全意识再学习再培训，你再这样任性干活儿不行！人命关天哪，不是儿戏！如果你不改，那就卷铺盖走人！"

……

2021年秋天，在阿尔卡迪亚大酒店通风管道施工中，为抢时间完成工期，李振月班组里一个新来的工人，在没有任何防护措施的情况下，硬爬通风管道测光漏。李振月得知这一情况，来到现场就是劈头盖脸一顿批，而且对这个工人下了最后通牒。

"细节是成败的关键，每一起安全事故的发生，往往也都是不注意细节造成的。要想保证安全，必须处处认真细心。"

"安全工作无小事，安全面前不讲情面，宁让事前骂红脸，不让事后哭肿眼。作为你们的班长，我就要时刻绷紧安全生产这根弦，为你们的安全负责。"这是李振月经常讲的。他已把"安全无小事"的理念深深烙在心中，在他心里，班组安全和谐、工友生命健康比什么都重要。

抓安全不怕得罪人，无论班组里哪一位员工，谁违反安全规章制度，李振月就跟谁过不去；谁违章操作，他跟谁翻脸；谁冒险蛮干，他跟谁急。他还说过一句顺口溜"重速度、轻安全，钱财再多也花完；保安全、创优质，终生抱得金饭碗"，让工友广为传唱。

三

安装施工，安全为天。在"天"字号工程上，李振月采取严管重罚的手段，他规定罚违章工友多少钱，也罚自己多少钱，以此激发自己要更自觉地抓好生产安全。

抓安全要有常抓不懈的恒心，抓而不紧等于不抓，蜻蜓点水式的排查监管，只能让问题隐患如同"下雨背稻草"，越积越多，越积越重。为此，每天上班时，李振月都会早早来到施工现场，严抓班前预防环节，详细观察每名班组职工的精神状态，发现有情绪不好、喝酒上班等现象，他都要详细询问、了解情况，坚决杜绝不安全施工情况。

"你为什么不接地线？"

"怪麻烦的，没必要。"

"胡闹！用切割机切钢管，电气设备外壳未有效接地，你会触电身亡的！你必须按切割机安全操作规程进行切割，否则，我砸了切割机。"

……

切割机需要强大的电力来保证其稳定工作，因为有强电接入，所以接地线是使用过程中很重要的一个环节，但是有些人却往往容易疏忽。接地不好可能会导致机器外壳发生漏电现象，从而造成人身安全隐患。

"作为一名班组长，我觉得抓安全'严是爱，松是害'，施工现场就必须有铁面孔，不做'老好人'。"因此，李振月始终以铁的手腕、铁的决心、铁的措施，以最大力度保安全，决不走

⊙ 李振月在工地做安全检查

过场。

2020年，南环施工工地刚复工，李振月就指出了自己的一个老同学违规操作的问题，但老同学就是不听，说一次他不听，第二次说他仍我行我素。于是李振月真的拿来锤子，怒砸了切割机，而且还要对其进行罚款处理。结果他被同学指着鼻子骂，说他没有人情味。

此事一出，有好几个老乡同学出面讲情，李振月语重心长地说："涉及安全问题，谁也不行，松是害，严才是爱啊。心存侥幸？不行！我砸的是自己的切割机，我不心疼？现在宁可让同学骂红脸，也要比事后真出了问题哭肿眼强。"

"宁让事前骂红脸，不让事后哭肿眼。"这是李振月安全施工的指导思想。哭与骂是两个截然不同的情景，这涵盖着李振月对工友、对家庭、对社会的无限责任感，无限的爱。实践证明，班组作为企业最基本的生产组织和最基层的管理组织，既是各个工作流程的衔接要素，又是各项安全指令的执行终端，是基层中的基层，基础中的基础。只有将班组中每个人的智慧和能力挖掘出来，让班组活力迸发，筑成安全诚信的坚实基层堡垒，才能真正让领导省心，让家人放心，让工友安心！班组的根基才会越牢固，企业安全发展的周期才会越长，企业的明天才会更加美好！

"班长，我不知如何报答你"

　　"班长，我们一家在你的帮助下，哥哥读完了博士，妹妹完成了硕士研究生学业，如今，他们都有了一份很好的工作。平时我经济上有困难，你经常接济；买房需要钱，你又'赞助'了5万元，并且悄悄抹去了咱们两人之间的旧账……班长，我不知如何报答你，我一定要努力工作，干出成绩，也一定要像你一样，力所能及地报答社会。"这是一位和李振月一起工作了14年的工友发自肺腑的心声。

　　"不是我帮助了你，是你的奋斗精神感动了我。你从学校出来后，靠自己的劳动供哥哥和妹妹两个人读书，生活不易，再说咱们是工友，我就应该帮助你。"

　　这仅仅是李振月帮助工友的一个镜头，实际上李振月对所有工友都是如此。

一

　　"在我们工地上，没有职位高低，只有兄弟姐妹。"

　　"要想叫工友爱班组，首先班组长要爱工友。"

　　"锅不热，饼难贴；心不真，情难求。一定要把工友看成自己亲如一家的兄弟姐妹，心里装着他们，处处想着他们，事事为他们考虑，这样工友就会和你一条心。上下一条心，黄土变成金。在我眼里，每一名工友都是我的亲人。"正因为李振月对工友有这样的认知，所以，生活中他和工友像家人一样相处，他称工友为兄弟姐妹，且把每位工友都当兄弟姐妹一样对待，与工友们吃住在一起，定期改善伙食，时刻把工友们的冷暖起居挂在心上，把工友们的难事当成自己的事来办，经常了解工友的家庭和生活情况，但凡有需要帮助的地方，他都会毫不犹豫地伸出援手。

李振月知道在一个班组，最难管的是人，而能带动一个班组创造出成绩的也是人。所以，他对每位工友的情况都了如指掌，并有着一副热心肠，谁家有个大事小情，他都热心到场相助。有工友病了，他及时派人送往医院治疗，工作再忙，也抽空去看望；工友家人患病住院治疗，他也会送钱送物，帮助解决燃眉之急；工友盖房子，李振月了解到他的家境困难时，当即派人给他送去水泥、木材等，过后李振月又从自己家拿出1000元钱亲自送到这个工友家中。

李振月这种全心全意为人民服务的观念、无私奉献的处事原则，深深打动着每一名工友的心。

"李振月班长就像我们的亲大哥，有这样的好班组，再苦再累，我们也要干好每一项工作，以实际行动回报李班长的关爱！"在大家眼里，李振月既是大家工作上的主心骨，更是生活中的贴心人。他不仅沉稳干练，且温暖宽厚，待人接物体贴细致，总是给周围人带去温暖，是大家公认的"知心大哥"。

二

关心工友生活，解决工友实际困难，消除工友后顾之忧，调动工友积极性，始终是李振月的主导思想。

"做人要将心比心，用心办事，工友们才信服你。"为给工友办实事，办好事，拥有一颗善良而细腻之心的李振月，经常急工友之所急，想工友之所想，不断与工友谈心，深入了解他们想要什么、需要什么，以问题为导向，精准发力，有的放矢，做工友们身边的知心人。

安装工性格都比较直爽，释放情绪的方法比较直接，因此，李振月在工作中始终用一种亲情式、处哥们儿的方法与工友们接触，营造班组一家亲的和谐氛围。

"不错""很好"……在施工现场，李振月认真检查后，一边指着安装工程，一边拍拍兢兢业业、一丝不苟操作的工友的肩膀，说着赞赏的话。

"施工时注意点儿，安全是第一位的！"李振月经常和工友们说平安话、发平安短信。他24小时不关机，方便大家有事及时联系，每天他都确保工友们安全到家才安稳地休息。

冬天里他会递上一杯热水，一副暖手套；夏日里他会送上一瓶藿香正气液，一桶绿豆汤；失意时他能给予鼓励，成功时肯定会得到奖励。2005年，李振月为每一间工友宿舍都配备上空调、电视，让大家有了舒适的休息场所；2008年在聊城电大图书馆施工时，班组加班加点完成了任务，公司奖励了2000元，李振月不但没有独自占有这笔奖金，还自掏腰包加了2000元，全部分发给了班组的工友们。

就这样，铁骨柔肠的李振月与工友们结下了道不尽、说不完、处不断的兄弟情谊。

每年春节，李振月都会组织大家为组长和优秀工友父母家人拜年，走访困难或伤病工友，发放慰问金及礼品；他也会给每个工友发放一定的福利，尽管这份慰问金不多，礼品也用不了多少钱，可工友们都觉得沉甸甸的，他们深切地感受到了李振月火热的心，体会到了"家"的温暖。

除此之外，李振月在每年春节过后、开班之前都会抽空陪优秀工友们外出旅游。到世界文化遗产孔庙、孔府、孔林观光，看看那以山称奇、以水叫绝、因峰冠雄、因峡显幽的云台山，瞧瞧那山势磅礴、雄伟壮丽的五岳之首……一张张朴实的脸上飞扬着甜蜜和欢乐，洋溢着幸福与喜悦。这件事的意义恐怕早就超越了旅游观光本身。

"在我们机电安装班这个大家庭里，工友不管遇到什么困难都不怵，因为我们知道，李振月的支持和温暖始终如一，就在身边。"凡是跟李振月工作过的工友，都愿意跟着他干，哪怕苦点累点儿、挣得少点儿也没有怨言。

三

"要把每一名工友当成咱们的兄弟，心往一处想，劲儿往一处使，就没有干不成的事。"李振月2009年就成为一名正式的共产党员了，多年来，他始终以一个共产党员的标准严格要求自己。

"班组长是代表，是集体利益的代表，没有群策群力，一个班组长是带不好班组的。"为此，李振月坚持以人为本，用人性化和亲情化管理感召班组每位工友。他尊重他的下属，从不固执己见、以势压人，从不计较个人荣誉和得失，认真倾听班组成员的意见，自觉接受他们的监督；班里的小事、大事、难事都与班组工友协商讨论后，再做决定，从不搞"一言堂"。

在李振月办公室的墙壁上，挂着一幅"群鹤相聚"的国画。这是一位很有名望的画家送给他的。李振月非常喜欢这幅画，他在画的下端小心翼翼地写下了"群贤毕至，少长咸集"这样一行刚劲有力的词句勉励自己。

2008年7月的一天凌晨，一阵隆隆的雷声把李振月从睡梦中惊醒。"不好，要下大雨了！工地上的切割机、电焊机、台钻等用电设备还在露天放着。"他一骨碌爬起来，拿上雨衣拔腿就向工地奔去。当他气喘吁吁地来到工地时，眼前的情景让他怔住了：20多位工友光着膀子，穿着裤衩，正忙着向屋内搬运用电设备。不一会儿，暴雨从天而降……看到工地上几万元的设备安然无恙，李振月这位轻易不动感情的汉子，双眼不觉湿润了。

俗话说，"千金好买，人心难求"，而李振月做到了。他和工友们已经紧紧地凝聚在一起并且产生了巨大的力量。

"企业的财富是产品，是项目，是工程，农民工恰恰是创造财富的财富，尊重农民工就是尊重财富，爱护农民工就是爱护财富。"李振月本身就是农民工，所以对农民工的基本内涵有正确的认识。

班组是企业的细胞，企业的各项工作都要在班组得到落实，而班组长又是落实各项工作的带头人，这就更需要班组长们能够与员工进行及时、真诚、有效的感情沟通。

"感人心者，莫先乎情"，感情是联系班组内部员工关系不可缺少的润滑剂，正是因为李振月人性化和亲情化的管理，才让员工感觉到企业对自己的尊重和信任，自己不再只是"来人、干活、拿钱、走人"的流动个体，而是企业大家庭中的一分子，因而产生极大的责任感、认同感和归属感，以强烈的事业心回报企业。这才调动了员工的积极性，提升了班组管理水平，营造了和谐的班组氛围；这才能化解矛盾，澄清疑虑，消除误会，理顺情绪，保持队伍稳定，使员工心往一处想、劲儿往一处使，共同为企业发展献计献策，贡献力量。

质量没有最好，只有更好

"为用户建设放心、满意、舒心的工程是我们的责任。企业要生存，质量是关键。质量是企业的生命，是企业生存的源泉，质量工作与所有管理工作一样，没有最好，只有更好。"春寒料峭、乍暖还寒的3月，在施工现场，李振月的一席话道出了质量管理工作的真谛。

一

人始终是企业最核心的生产要素。为此，李振月多措并举，不断强化全员质量管理意识，实现了"全员参与，全员改善"。

　　质量是什么？曾任华为终端产品线首席质量官的苏立清认为："质量是一种习惯。质量工作要做好，就要把这种理念融入每个人的工作、学习和日常生活中去，让每个人都有一种强烈的把事情做好的愿望。"

　　李振月清楚，自己班组的每个工友都有把工作做好的朴素意识和愿望，这就是做好质量的原动力，这就是抓好质量的基础。为把这样的原动力和基础变为工友们工作时的习惯，李振月首先从学习、完善、落实制度抓起，用制度明确每个主体和工友的工作职责，并结合施工实际，灵活编制、修订和执行"质量指标考核办法""科技创新工作实施方案"等一系列规章制度。同时，他从落实施工过程质量控制制度、施工检验制度、施工质量追溯制度和施工服务制度入手，强化了全员、全过程、全方位质量管理，广泛开展了质量改进、质量攻关、质量比对、质量风险分析、质量成本控制、质量管理小组等活动。

　　李振月知道质量管理大师石川馨曾有句名言："质量，始于教育，终于教育。"为进一步提升全体工友的质量意识与质量素质，李振月把提高工友质量意识作为工作重点，把工友培训工作作为质量管理的重要环节，经常对工友进行"质量第一"的思想教育，定期或不定期组织新工友学习公司的质量标准和工艺方法，时时灌输质量管理知识，使公司的质量标准和工艺方法得到传承和发扬。同时，充分发挥老工友的示范作用，通过老工友"传、帮、带"和示范作用，不断提高每个工友的操作技能和素质。对老工友，李振月也引导他们学习新标准、新的施工方法。就这样，有计划、分层次、多方位地组织开展质量培训活动，使

上图　李振月（左）在工地检查施工质量

下图　李振月（右）师徒在工地现场做质量检查

每个工友都养成了处处讲质量、自觉抓质量的良好风气。

二

　　"质量不是一个空洞的概念，要通过'高标准'来体现。"李振月表示，"打造高质量工程，是我们的初心。必须从每一个岗位、每一个环节、每一道工序做起，把高标准贯穿项目施工的全过程，让承接平台更坚实。"

　　"要让标准成为习惯，不让习惯成为标准。"为把"高标准"变成日常，李振月对所有负责的开工项目，提出了"开工必优、一次成优、争创全优"的总体目标。每天在早会上他都强调当天施工的质量控制要点，并在晚上碰头会上对质量情况进行如实评价，时刻提醒、提示全体人员关注施工质量。

　　"过程控制得好是施工质量的有力保障，只有'过程精品'才能保证'精品工程'。"李振月总是这样反复强调。项目自开工后，李振月在"高标准、讲实效"的总体要求下，确定工程项目的质量创优目标，把质量创优目标层层分解，逐一落实。建立和完善质量责任制，将质量管理责任落实到岗，责任到人，责任到工序，严格执行"谁牵头、谁负责"的原则；责任组对各自管辖区域的达标建设工作直接负责，严格执行"谁施工、谁负责，谁管理、谁负责"的原则，确保安全质量标准化全员、全方位、全过程实施。在关键工序和新工艺推广中，设置专人负责施工过程质量控制，并坚持做到材料进场必须试验检测合格，上道工序作业合格方可交给下道工序的原则。同时，严格执行质量培训考核、图纸会审制度。

⊙ 李振月在聊建四公司泵房查看施工图纸

　　在工程质量管理上，实施责任包保制度。从施工开始，技术人员面对面给施工工友进行技术交底，使施工工友对各工序施工应知应会。对关键部位和关键工序施工进行旁站监督管理，对施工全过程做好详细书面记录，全面反映工程施工质量，发现施工中有质量问题时，及时叫停，及时报告处置。

　　为激发各施工组质量标准化工作出亮点、创新点和提升点，李振月严格按照抓提升幅度、抓小改小革、抓标准化创新的"三抓"标准，设立了质量标准化亮相台，让季度排名前三名和后一名的施工组在调度会上亮相，并依据相关规定进行奖罚，进一步推进了施工质量标准化建设取得实效。同时，在综合排名评价的基础上，组织各施工组到质量标准化搞得好的施工现场召开现场交流会，通过参观学习相互借鉴，推动了整个班组质量标准化工作全面提升。

三

　　"机电安装是一个讲究美观的工作，它要求总体布局合理美观、状态标识清晰准确、设备运行安全稳定；机电安装也是一个讲究细节的工作，它于细微处见功力：支架管件安装标高一致，管道穿楼板套管处理细致，各类管线按功能着色，套管高度符合规范要求……"李振月对机电安装工作烂熟于心。正因为这样，他才能从高处着眼、从实处着力、从细处着手，严格执行安装标准，注重过程管理，将"严要求"做到了极致。

　　李振月说："我们把每一项工程都当成一次挑战，一次展示实力和形象、开拓市场的良好机遇来做，因为质量的好坏直接关

⊙ 李振月（右）在进行工地地暖施工检查

系到公司的信誉。因此，在质量管理中宁当恶人，不当罪人。"

　　每个项目开工前，李振月都要根据项目特点，与工友们一起分析研究，编制满足该项目质量标准、进度要求的切实可行并具有针对性的施工方案，对项目的重点、难点部位，他还编制了专项施工方案，确保了工程质量。

　　同时，严格按设计图纸和施工验收标准规范组织施工，严格加强过程控制，执行以自检为基础的自检、互检、专检"三检制"，调动了每个工友自查自纠、自我约束的积极性和主动性，自觉规范质量行为，以确保每道工序都达到设计和规范要求，减少和避免了质量事故的发生。

　　为确保施工进展、质量、安全及文明施工，李振月每天都会进行常规检查，仔细检查机电安装的细节是否做好，管道是否按标准施工，及时做好各种情况记录。每一项细节工作他都尽心尽力，认真总结产生质量通病的经验教训，对照安装要求，一项一项认真校对，不出一丝纰漏，并采取有效预防措施，消除质量通病。

　　在注重质量管理的同时，他还注重质量回访。近几年竣工交付使用的工程项目，李振月班组每年都会定期进行质量回访，从未出现过用户对工程质量的投诉。在进行用户满意度的测评调查中，用户满意度始终在98分以上。

　　20多年来，李振月就是这样始终关注施工全过程，遵循问题导向，以实实在在的成果做班组质量管理的"排头兵"。他先后完成施工任务40余项，完成施工产值3亿余元；他带领施工的眼科医院综合楼、水务集团家属楼、聊城职业技术学院图书馆楼、盛世天湖9号临街楼、畅博怡情湾等工程都荣获了"泰山杯"工程奖。2012年至今，他和他的队伍创精品工程十几项，为聊城安装整体水平提高做出了极大的贡献。

"质量是企业的生命。"这句至理名言早被企业家们奉为圭臬，而真正理解它并付诸实践的，才算是远见卓识的企业家。李振月虽然只是个班长，但却让人们看到了一个企业家形象。为了做好质量工作，哪怕道路曲折，哪怕要吃苦，李振月都会执着地坚持。因为只有将质量视为生命，尊重质量，执着于质量，才能真正地成功。

让工地"耳聪目明"

2021年8月16日早晨7点，李振月准时进入直播间。

没有太多的点赞量，也没有人刷礼物，粉丝不到30人。原来，李振月的这个直播间不带货，讲的全是跟质量和安全有关的内容。

李振月不是"网红"，过去他也很少上网。可就在近几年，他却以智能技术实时精确把控现场状况，让工地长出"眼睛""耳朵""鼻子"。

一

在李振月班组，每天的晨会已经成为惯例。2020年3月，受当时疫情影响，班组所有的线下会议被叫停。

"会议可以停，但晨会和培训不能停。"李振月说。既然线下的会不方便开，那就把会搬到线上，于是李振月针对部分工友基础文化水平相对较低、工学矛盾比较突出、学习时间和精力有限、对质量和安全教育理论理解不够深入等短板，建立了微信群。

他把班组晨会搬到网络上，完善了"班前讲话：话质量·说安全"制度，并要求25个施工工地组长每天利用视频会形式，组织员工学习和培训，讲清质量安全、施工部位、应注意的事项等，时间不长，讲清就行。

就这样，李振月兼职做起了"主播"。每天他都会准时在班组群里跟大家见面，或安排部署班组当天的工作，或传达与大家有关的质量、安全知识和法律法规，或讲公司会议中与安装管理有关的精神与要求，有时还会录好一段小视频发到群里供大家观看。

让李振月意外的是，网上晨会同事们几乎是次次全勤。因为特殊的工作性质，以前开会人总是到不齐。而现在，同一时间，打开手机就可以轻松实现随时随地了解各施工班组工地情况，随时指出问题，并解决了凑不齐人、后期补会等诸多困扰。

二

为让直播间始终保持新鲜度，让工友喜欢，解决过去班长一言堂的单向晨会和枯燥呆板的会议模式，李振月和大家集思广益后决定，拿身边人身边事举例，以案例学规章，每个施工组轮番上阵，主动接受现场作业管理监督。每天各施工组都要上报各组施工情况，有图片、有视频，不但讲法规、说条例，还有每个施工组的工程质量和安全图像。有的施工组还从网上找到有关质量和安全等方面的案例视频，以案说法，以案论质，解决"审美疲劳"问题，现场讲解分析问题，增强了质量和安全教育的针对性。

"以图片识违章查隐患，通过画面和视频直播讲质量通病，增强了工友质量通病和隐患辨识能力，标准化作业程度更胜从前了。"有的工友高兴地说。另外，随着焦距的变换，工友的安全带是否系好、安装工程是否规范，哪里还存在具体的质量问题，这些细节也清晰地呈现在手机屏幕上。通过这些抓细节讲解质量的图片和视频及危险源辨识隐患整改活动的开展，切实提高了工友们高标准遵守规章制度和作业规程的主动性、自觉性。

慢慢地，李振月发现，直播间里热闹了，连关注度也噌噌往上涨，不到40个人的群里，点击量最高的一场竟然超过200次。"说明这样抓身边质量和安全的案例是有说服力的，也是引导和教育工友最有效的方式。"李振月分析道。

直播次数多了，李振月的想法也变得多起来。他不光丰富班组里的学习内容，还与其他班组相互邀请授课，把自己的经验分享出去，把别人的经验吸收进来，让网络学习变得更有滋有味了。

三

"我开直播不带货，带质量，带安全。只要对班组和工友们有利，我就会认真对待。"如今，越来越喜欢直播的李振月每天都在坚持学习，他说："只有先学一步，才能给别人讲清楚、说明白。"

在李振月看来，他的机电安装工地的现场管理已迈入了全新的数字时代，自网上晨会直播开始，全面实现了各施工组施工现场标准化、透明化，让工友干活的时候总感到有一双眼睛在看着，操作时他们不自觉地就认真、规范了，倒逼了质量管理升级，带来的效果早已超出预期。同时，有利于对违法行为的调查取证和及时查处，对施工过程中重大安全隐患及时叫停，跟踪问题整改进度，有效杜绝了作业中的不安全行为，提高了员工的安全意识。另外，他过去马不停蹄地挨个工地检查，一天怎么跑也跑不完，直播一开就节约了时间，大大提高了监管效率，这更坚定了自己班组继续办好直播的信心。

李振月还积极践行"互联网+"战略理念，大力推广使用BIM（建筑信息模型）技术，改变以往二维施工图配上网络进度计划的做法，实行图纸模型三维化配以时间轴坐标的施工方法，使施工图纸成为更直观的三维模型，以便于准确解决施工节点碰撞的问题，再配上时间轴坐标，可以更加直观、细致地了解施工进度，把握重要的施工环节，提高施工精细化管理。通过在项目上推动BIM技术在施工过程中的应用，对图纸进行二次深化与出图，达到了施工图纸可与工程实景一一对应的效果，在整个工程进展中提高了效率，减小了风险。

"手机直播，让工地上长出了'眼睛''耳朵''鼻子'，让管理人员看得到质量，听得见噪声，嗅得着隐患，实现了从现场检查向远程监控的延伸，从事后整改向过程控制的转变，给工地装上了智慧的大脑，让工地变得聪明起来，这也成了我们工地管理的一大亮点。这是一次突破，也是一种勇气，有压力，但值得。"李振月见解深刻。

从"独角戏"到"集体舞"

"积力之所举，则无不胜也；众智之所为，则无不成也。"李振月经常引用这句话，因为他明白，每一项施工项目的突破都需要投入大量人力、物力，一个人再能干，即使浑身是铁也打不出几颗钉子，单靠一个人是干不成的，只有做好技术上的传帮带，让班组所有操作工都技术过硬，才能做好安装施工项目。

一

敬业、精业、奉献，是工匠精神的本质。在李振月眼里，作为高级工程师，不仅要致力于改进、攻关、创新，把本职工作做到极致，做好各种机电项目的安装工作，他更希望能通过自己的努力，把自己多年掌握、练就的绝活、经验传授给更多的人，培养更多精益求精、追求卓越的匠人，技能传承下去才有价值。

2017年，李振月劳模工匠创新工作室成立之初，他没有急着带大家提高安装施工的实操技能，而是针对大家能力参差不齐、文化水平有限的特点，带大家读书，给大家讲课，从基本业务知识、基础操作技能开始，言传身教，用多角度教学方法引导工友，加强思想沟通交流，让工友树立正确的价值观。对于工友提出的各种疑难问题，他都耐心讲解，举例说明，并做好示范，直到工友们真正搞懂且会操作为止。他尤其注重培养工友们对施工中常见事故的判断及排除能力，合理优化整合各个知识点和技能点，强化工友们对施工过程、工艺参数设定的认知，使工友们在日常工作中不断进行经验总结，不断提升自身业务技能。

"为增加我们的学习兴趣，李振月班长自己制作了很多小型模具，还带领我们动手设计制作了提升机电安装技术控制系统模型，把复杂的问题简单化地展示在展板上，真实再现了整个安装施工过程，使我们的学习更加轻松和有实效。"

李振月清楚劳模工匠创新工作室是企业人才发展的摇篮，是企业不断向前发展的生命线，在企业跨越式发展的征程中发挥着举足轻重的作用。为此，在日常工作中，他总是毫无保留地把施工过程的经验心得传授给工友们，并在班组推行集中学与个人学相结合、定期学与随机学相结合、理论学与实践学相结合的学习方法，通过组织探讨交流、实践演练等形式，不断激发工友们学习的积极性。

二

"纸上得来终觉浅，绝知此事要躬行。"在理论学习之余，李振月除从学习者的视角体会教法学法、厘清重点难点外，还十分重视实践能力的培养和创新思维的训练，交给工友一些具体的任务去完成。

上图　2018年4月，李振月（左）在劳模收徒现场
下图　李振月劳模创新工作室照片

　　为让工友们以最快的速度、最短的时间掌握本岗位操作技能，李振月在课程培训中，不但注重融入对工友们问题的解决和再学习能力的培养，而且展开了实操教学，将自己的独门绝技毫无保留地分享给工友们，包括机电安装各个工序现场操作，对工作中容易出现的技术问题和薄弱环节，他都进行一对一指导，面对面地学、手把手地教、心贴心地帮。再以作业指导书的方式固化，让工友们进一步加深理解，帮助工友们积极应对各种新情况、新问题，切实解决各种难题，影响和带动了工友们不断提升解决问题的能力和防范风险的意识。

　　在现场实践中，李振月更是用心观察每位工友的技能操作，有针对性地对他们进行辅导，把自己多年积累的经验一一传授给他们。他说："平常集中在一块培训，往往容易忽略实际操作流程中的问题。每个人都有不同的弱项，根据每个人的具体情况进行分析指导，这样才能让操作技能更加熟练，更有价值，才能让工友们迅速成长起来。"

　　李振月不仅向工友们传授技术，还传授智慧和思想，真正增强工友们的岗位责任感。他经常组织"思想者交流会"，采用文化沙龙的形式，勉励大家要沉得下心，认真、刻苦磨炼技术，并就具体施工中的实际问题展开讨论、集思广益、发掘亮点，在发挥想象力、课题讨论、意见争论、思想碰撞中获得灵感，探索解决问题的方法。

　　除此之外，李振月还开展综合巡察活动，每月最少一次，发现问题立即整改，疑难问题讨论解决，并不断组织开展安装、维护、检修等技能操作竞赛。一项项实操技能的大比拼、大比武，激发了工友们学习职业技能、掌握操作技巧的热情，更是营造了你追我赶的良好氛围。

三

为引导这些思想活跃、个性突出的新一代工友做出成绩，李振月还依托劳模创新工作室这一筑梦平台，带领工友们共同创新发明，帮助他们在企业发展中实现个人成长、创造工作价值。

李振月深知，动手操作能力的培养是职业教育的精髓所在。针对工友们不喜欢空洞说教的特点，李振月作为创新工作室的领头人，充分发挥自身的技术优势，将创新创效全面融入中心工作之中，带领工友们参与创新项目全流程，解决一些技术难题。这期间，他既重创新又重培训，既让工友们通过参与创新活动达到培训目的，又可以在名师带徒的过程中，提升工友们的技能和创新能力，二者相辅相成、互相促进。

"不要总认为'我不行'，而是要'试一试'。"李振月总是这样鼓励工友们。在李振月看来，获得全国劳模这一殊荣，证明了自己没有输，在创新工作室，他要带领更多的工友走上技能成才之路，让他们的人生也"不认输"。为此，在工作室里，李振月注重突出工友们的主体地位，让工友们以自己的方式分享成功的乐趣，从而增强工友们深入学习和创新的信心。他推行了"项目首提制"，即：提出创新点子并被采纳的工友，将成为项目负责人，会得到劳模创新工作室在技术、资金等方面的支持，每获得一项发明专利奖励1万至2万元。工作室还建立了"学、研、制、试、验、改"的创新流程，极大地激发了大家动脑筋创新发明的热情。

　　在李振月创新工作室这一平台上，李振月和他的工友们，通过不懈努力让创新的种子不断生根发芽，开花结果。据统计，截至2003年底，李振月创新工作室共培养出全国劳动模范1人、山东省技术能手1人、省青年岗位能手2人、高级技师1人。同时，这个创新平台先后完成创新成果40项，其中，申报国家实用新型专利5项，为公司直接创造经济效益1000余万元。在李振月的影响下，该公司还有一大批机电安装青年技工逐渐成长为高技能人才，在安装施工中闪耀着青春的光芒。

　　"创新，是一项只有起点，永远没有终点的事业。"李振月希望和他的团队将机电安装事业和人生完美相融，书写机电安装事业的更多辉煌。

　　毫无疑问，全国劳模的荣誉是重要的，也正因为全国劳模光环的加持，李振月的身边才会吸引、聚拢这么多的有为工友。但对于机电安装事业来说，全国劳模的称号不是一切，打造一支高素质、高技能的人才队伍同样重要，而且更为迫在眉睫。

　　"我有两个战场，左手是教室，右手是工地，带教育人，学以致用，追求永无止境。"李振月这样形容自己创新工作室带教育人的奋斗心声，在追逐匠心的路上，他表示将继续书写属于自己的职教美丽人生。

　　从"一枝独秀"，带动出了"满园春色"。胸怀星辰，燃灯引路。这几年，李振月以一腔热血做匠人，以一份坚忍塑匠心，以一种执着传匠魂，他的故事不仅给迈进创新工作室的工友们树立了目标，也坚定了很多工友"靠技能改变命运"的信念。从一个工匠到一群工匠，赋予工匠精神以新的时代内涵的"李振月们"，正在机电安装和更广阔的社会舞台上大显身手。

"新竹高于旧竹枝，全凭老干为扶持。"一个人真正的成功不是拥有多少财富，不是看你打败了多少人，而是看你帮助过多少人。在多年的工作中，李振月一直用实际行动发挥着"传、帮、带"作用，用劳模精神、工匠精神传道授业解惑，传授一个，带动了一群；帮助一个，辐射了一片。

标杆师徒的高光时刻

看着载誉归来、勤学苦练的徒弟许明月拿着全国劳模的大红证书，李振月一脸欣慰、嘴角上扬，为徒弟鼓掌喝彩；看着严爱相生、刚柔相济的师傅李振月同时受到领导的赞许表扬，许明月的眼里溢满感恩的泪光……

2020年11月28日，正泰公司举行欢迎赴京接受表彰的2020年全国劳动模范、正泰工业设备安装有限公司管道工班组长许明月载誉归来的仪式。公司领导在对许明月表示热烈祝贺的同时，也对李振月悉心指导、耐心帮助致以崇高的敬意，让标杆师徒共同感受到情智相融、青蓝相承、共同学习、共同进步路上的高光时刻。

一

回想起和师傅李振月的第一次相遇，许明月至今记忆犹新。

2002年，只有初中学历的许明月进入山东正泰工业设备安装有限公司成为一名管道工。那时，李振月在公司担任水暖班组长，且在业内小有名气。

"我进公司之前就听说，李振月带的班组实力最强、技术最好。"进公司没多久，许明月就主动提出想拜师李振月。特别是2008年李振月获得全国优秀农民工奖章之后，相同的出身、相似的工作经历，更让许明月将李振月视为自己的路标。

起初，李振月还有些顾虑。后来，一次施工中，李振月发现，许明月和自己一样爱琢磨，且悟性高、心细、踏实肯干、不怕吃苦、执行力强，便有意无意地指点他一些施工中的问题。就这样，年龄相差仅3岁的他们不仅成为师徒，更成为无话不说的朋友。

"授人以鱼，不如授人以渔。"李振月教徒弟是从如何看图纸开始的。第一次看复杂的建筑施工图时，许明月感觉像看天书一样，密密麻麻的一个个方框，长得都一样。正在他发愁时，师傅李振月教给他一个土办法：把自己当成一个坐标系，然后按照实际方向调整图的位置。

学会看图后，许明月又开始琢磨：师傅教的方法挺好，但是需要不停调整图的位置，室内施工时，还得时刻留意方向。于是，一段时间后，许明月在师傅教的方法上进行了改进，把图当成坐标系，只需要调整自己的方向即可。很快，他把自己的想法告诉了师傅李振月，经过多次测试，果然可行。最后，师傅李振月竟然改变了自己多年的看图习惯，采用徒弟改进的看图方法。

尽管两人年龄差距不大，但在许明月心里，师傅一直是自己学习的榜样。从获得全国优秀农民工奖章，到获得全国劳动模范的荣誉，成为全国的青联委员、全国的工会委员，师傅李振月取得的每一次荣誉，许明月都为他感到骄傲，并被深深鼓舞着。他也在努力像师傅一样，成为一名优秀的技术工人。

二

李振月虽然只有初中学历，可是他以"勤于思、善于学、敏于行"为座右铭，始终坚持学习、坚持阅读。李振月坦言，他工作之余最大的爱好就是读书，他不仅在书本中学到了知识，更提升了自己。

在李振月这枚路标的影响下，徒弟许明月也慢慢地爱上了阅读，可是和李振月不同的是，徒弟更喜欢阅读《安装工程识图与构造》《建筑给水排水》等专业的书籍，许明月追求的是努力在技术上提高自己。李振月则喜欢读《建筑机电安装工程常见质量问题防治指南》《不会带团队，你就只能干到死》等，涉猎更广泛。

然而，"纸上得来终觉浅，绝知此事要躬行"。全公司的人都知道，工作中的师徒两人最爱"改"活儿。李振月解释说："'改'的目的是提高工程质量、节约成本。"而他口中的"改"，就是在实践中创新。

"其实最重要的还是执行力，有了想法一定要马上行动。工作中，大多数人遇到难题就回避了，可是许明月一定会认真琢磨，在下一次施工中有所改进。"李振月话语中难掩对徒弟的欣赏。

许明月也没有辜负师傅的培养。通过自己十余年的经验积累，他对给水暗管出墙方面做了工艺改进，不仅使管道根部防水成功率大大提高，还发明出了一款敷管小工具，大幅提升了敷管合格率，工作效率也比之前提升了好几倍，得到了业内人士的高度认可。

三

"以前的师徒关系是'师傅一句话，对错都得听'；现在不一样了，现在的师徒关系是师傅和徒弟沟通交流、相互学习的过程。在这个行业，'青出于蓝而胜于蓝'是很正常的一件事情，而且是一件光荣的事情。"李振月对师徒关系有清醒的认识。

许明月则说，现在的师傅虽然不像以前拥有独门绝技，但是机械化生产时代，很多操作都存在"一看就会，一做就废"的状况。在建筑行业，能有一位经验丰富的"明白人"在旁边指点、提醒，施工的效果会完全不一样。

虽然"师带徒"在一些行业是技术传承的传统方式之一，但是，随着社会的不断发展变化，这样的师徒关系又增添了新的内涵，发展成了合作关系和超越关系。不仅要"青出于蓝而胜于蓝"，还要青蓝相融。

"李振月师傅从来不会摆架子，有什么说什么，他会的都会毫无保留地教给我们，他不会的就和我们一起研究。"许明月说，耐得住寂寞、做事稳，是师傅最大的特点；其次就是他平易近人，他从来没有因为他的荣誉而觉得高别人一等。

从李振月劳模创新工作室的角度来讲，李振月是团队的负责人，但在实际工作中，李振月和许明月却并非传统意义上的师徒关系。他们青蓝相融、亦师亦友、优势互补、教学相长，更像是一对好搭档。

对如何看待"教会徒弟饿死师傅"的老话，李振月认为："技术只有传承下去才有生命力。只有教会、教好徒弟，有了接手做事的人，师傅才有更广阔的空间去做自我提升，迈上新的台阶。"

"我师傅经验丰富、技术老到，对我的指导也是倾囊相授、毫无保留。"许明月说，师傅李振月还经常提出一些问题，拉着他共同研究。许明月不少创新的点子，都是建立在师傅发明的工具和创新的施工方法上的。

李振月认为，师傅不仅是个称谓，更是一种责任。作为师傅，他把徒弟当成自己的亲兄弟，将多年的心得和经验进行提炼后毫无保留地传授给徒弟。在手把手教的同时，更注意鼓励他们开动脑筋，独立思考，鼓励大家一起交流讨论，共同提高。

近年来，许明月参与组织施工工程60余项，建筑面积80多万平方米，合格率远超业内平均水平，完成产值过亿元。

李振月，一个言传身教育英才的师傅；许明月，一个勤学善悟肯攀登的徒弟。这对标杆师徒展示的不仅仅是技术的传承，更是一场教学相长、比翼齐飞的旅程，还传承着能跨越时空、历久弥新的劳模精神。正是因为他们亦师亦友互相信任、互相学习、互相帮助，才用心血、汗水和智慧浇灌出丰硕的成果，用坚持、坚韧和坚强诠释了劳模精神的丰富内涵，才让更多的梦想开花结果，不同凡响。

 第四章　真诚到永远

匠者之难在于"匠"，更在于"心"。匠者之心，是一种心无旁骛、锲而不舍的技术追求，更是一种敢于创新、精益求精、追求卓越的精神品格。"他可能不是最优秀的，但一定是最努力的。"对于李振月来说，努力就是自己生命中的阳光。只要阳光常年有，春夏秋冬，都是绽放的花期。

要当成自家的活儿干

多年的施工管理实践使李振月认识到，企业没有自己的品牌，就好像一群士兵没有旗帜指挥一样。品牌在某种程度上决定着一个企业的成败。

一

李振月认为"全面质量管理"的精髓就是创名牌工程，在他眼里，建筑安装不仅是完成施工合同，更重要的是推行高质量、科学化的施工工艺，给用户更好的使用体验。他想让工友们明白，低劣的施工工艺是永远无法问津名牌工程的，而且后期还容易出现漏水且难以维修保养等问题，既影响业主生活，又增加施工成本，且会使企业的市场竞争的空间越来越小。所以李振月需要一个契机把这种想法在工友中牢固树立起来。

那是2002年的冬天，李振月在聊城瑞祥小区居民楼做排水管堵洞时，因为冬天施工混凝土结冰快，再加上当时采用的是三合板吊洞的老办法，从而使浇筑的混凝土因受冻而塌进去，卫生间出现渗漏水现象。于是，李振月决定把整整一栋居民楼72户的卫生间防水管全部拆掉重做。

"众所周知，卫生间渗漏水是个令行业内头疼的问题，糊弄

⊙ 李振月（左）在工地检查工程质量

一下，交工算了，别的工地也这样。"当时有人这样提议。

"糊弄不行，必须全部拆掉，将心比心，如果咱是业主，你也这样糊弄吗？"李振月说得斩钉截铁。

为了让自己团队工友们明白施工质量的重要性，李振月忍痛下达了"拆"的命令，并且专门召开全班组人员参加的现场会，确认了每户安装人员后，他拿着锤子、錾子等，当着全班组工友的面，把他们所有做过的水管堵洞工程全部拆除。

二

"当时我们班组刚刚正式进入山东正泰工业设备安装公司工地，班组没钱，李振月也没钱，而且这些水管堵洞工程也没有多大毛病，能凑合用，但李振月说不合格。那是因为如果就这样交工，工友们以后还会这样错误地施工。"对于当初的情形，一位老工友朱双喜如此回忆。

"忘不了那沉重的铁锤，高高举起又狠狠落下，72户质量不合格的水管堵洞工程顷刻间被击得粉碎。它砸碎的是我们陈旧的质量意识，唤醒了我们去努力提高自身素质，也使我们认识到只有高质量施工，才会有我们现在的一切。"老工友宋万胜这样说。

"这是我做过最失败的活，我必须负责。"嘭嘭的锤声，砸跑了李振月35000元的费用，也砸碎了大家糊弄过日子的旧梦。全班组工友目睹了拆除防水工程的情景，开始明白李振月的意图——没有严格的立企之道，哪有自己安装施工队的前途。

但问题来了，老工艺不行，如何重新做才行？

冬天不行，难道得等到春天吗？

李振月反复思考，为了找到切实可行的改进方法，他做了30多次实验，还是无法从根本上解决问题。

三

这一天，李振月到济南购置安装材料，当看到南方装修工安装筒灯，用手电钻装上可调开孔器开石膏板时，他茅塞顿开。

"我们的安装施工工程之所以出现问题，不就是因为管道安装模板开孔时，在硬质木板上圆孔难以开大，而用的三合板吗？正因为三合板硬度差，这种常规方法做出来的模板形状不规则，施工后不严密才容易渗水吗？手电钻能开石膏板，就不能开硬质木板吗？"

李振月立即走过去与这位装修工进行沟通，试验后果然可行。李振月高兴得一蹦三尺高。

"师傅，哪有卖这样的可调开孔器的？"李振月急切地问这位装修工。

"不好买。"因为当时这种手电钻开孔器刚刚上市。

"师傅，你能不能卖给我一个？我要解决我们水暖安装施工工地上的一大难题。"

"不能！我也不多，关键是我也不好买到。如果我没有了手电钻开孔器，干活儿就好像圆珠笔没了笔芯，所以不行啊。"

"实在不行，我多给你些钱。"

……

李振月软磨硬缠，这位师傅终于被李振月这种执着的精神感动了。现在20元一个的手电钻开孔器，他花了100元，那时的100元相当于李振月好多天的工资啊。但李振月说："别说让我花100元，就是再让我拿100元，我也非要不可。"

是啊，李振月不但一直用"如果我们把自己建造的房子当成自己的家，就没有干不好的事"这种严格的工作方式要求着自己和同事，而且时时处处、一如既往地坚守和践行着。

四

回到聊城，李振月将南方装修工安装筒灯使用的开孔器，运用到管道安装施工中，经过多次摸索试验，成功地用土建模板边角料制作出堵洞模板。而后直接用细石混凝土充分振捣，每天用水养护一周的施工方法堵洞，不仅防止了渗漏，而且管道周围堵洞与现浇顶相差无几，彻底解决了用三合板做模板致使堵洞质量差、混凝土表面观感不好的质量通病，更节约了大量的建筑材料。

仅此一项改进，就使李振月班组承包的工程卫生间防漏合格率达到了百分之百，仅一栋楼就能省下几万元的成本。后来聊城整个安装领域的领导和工人都来到李振月的工地参观，直到现在聊城机电安装工地还一直采用这个办法。

"塑匠心、铸匠魂，精匠艺、育匠才，出匠品、践匠行。只要我们每一名产业工人都做好工作中每一件小事，把所有的小事都做到极致，就都能成为大国工匠。"在获得全国建筑行业"大国工匠"荣誉称号时，谈起如何理解"大国工匠"的含义，李振月言辞恳切地说道。

　　"所谓'工匠精神'就是责任心。干工程、做项目，首先过自己这道关才行，业主才能满意。"李振月坦言。现在"工匠精神"已经成为李振月团队的共识和自我要求，所有人都已养成和他一样的工作习惯，也正因为他们有了"把工程当成自己的活儿"来做的责任心，李振月和他的团队才能在行业内树立良好的形象和口碑。

　　"不行就拆，拆了重新做。"一句简单的承诺背后彰显着李振月的责任与担当。对李振月来说，工匠精神不仅要付出时间，更要把工程当成自己的活儿来做，把自己当成业主，只有先过自己这道关，业主才能满意。地产大佬王石曾经说过："所谓工匠精神，首先无非是从业者热爱所做的事，胜过爱这些事给自己带来的收益；其次是精益求精，精雕细琢。"一个小小的钻头开孔器，让模板开孔更容易、更规则，不正是李振月时时处处皆用心的工匠精神的体现吗？

你的工程是干出来的

　　2021年，阳春四月，春花初绽，江北水城一片勃勃生机。李振月所在公司迎来了山东省"泰山杯"验收组专家一行四人，专家将对筹建处的中心试验楼及研发楼项目工程进行现场验收。

一

在工程现场，当一条条横平竖直、垂直流畅的水电排线，一道道间距布置科学、色彩分明的管线等精品工程圆满展现在评审验收组人员眼前时，他们很是吃惊。这水电暖安装工程简直是一本教科书，每一个细节都体现出极简主义的设计风格，简约却不简单；每一根线路的排布都经过了精心策划，仿佛被精雕细琢过；每一项工程都仿佛是一件凝固的艺术品，舒适性与观赏性相统一，整体设计传达了丰富精神、净化心灵的自然理念，给人轻松清爽的舒适感。验收专家纷纷对李振月团队安装工程的内在细部质量和外观观赏效果赞不绝口。

"看了该公司自建自用的办公大楼，感觉项目质量非常好，看着很舒服，绝对是过程精品、一次成优，而不是事后修修改改出来的，是干出来的，比我干得还好。"这是2021年中建八局、"泰山杯"评审验收组机电专家孙泽民给予的高度评价。

精美绝伦的整体效果，无懈可击的完美质量，自然顺利通过"泰山杯"验收，该项目获得山东省建筑行业工程质量方面的最高荣誉奖，成为安装行业靓丽的景点，参观者络绎不绝。为此，评审验收组机电专家孙泽民专门写了一篇推文《从聊建四公司谈精益求精的劳模精神》。

二

"师法自然，大匠无痕。"李振月认为机电安装是一个讲究美观的工作，它要求总体布局合理美观、状态标识清晰准确、设

李振月诠释工匠精神的报道

备运行安全稳定。

自1995年李振月加入机电安装行业以来，他始终把品质放在首位，潜心锤炼本领，将每一个工程当作艺术品来完成，匠心打造优质工程、精品工程。"精心管理，持续改进，塑造精品"已不仅是李振月的质量管理方针，更是一种深植于他团队内心的信念，并外化于行，变成恪守匠心、铸造精品的实际行动。

"建筑的艺术就在于人类把外在的本无精神的东西，改造成为表现自己精神的一种创造。"李振月很欣赏德国著名哲学大师黑格尔把建筑比喻为"凝固的音乐"这一说法。在李振月眼里，每一个安装工程都是一件凝固的艺术品，需要精雕细琢、匠心精筑。

"我们眼睛不能只盯着利润，心里还应装着美丽的江北水城，你在这座美丽的江北水城里，在这些漂亮的建筑群里搞安装，就要为城市增添一片风景。只要你安装的是精品工程，就能成为这座城市的名片，让居民们都能感受到温暖，就达到了奉献社会的目的，这才是我们应该追求的！"李振月是一位有社会责任感的完美主义者，他没有止步于靠安装来解决群众的生活问题，而是追求卓越，要求自己班组的每一个施工项目都必须通过"创作"和"演唱"进而"凝固音乐"，最终创造出极具冲击力的精美艺术品。

"对于企业来说，做好产品是唯一的选择。对于一线技术人员来说，同样没有第二个选择。"李振月坚持赋予每一个施工项目以灵魂。作为班组长，他倡导"把简单工程做得精致完美，把复杂工程做得标准规范"。他在每一项安装工程施工前，都先把

李振月在聊建四公司消防泵房

流程在脑子里走一遍；每天晚上，他都会把当天的工作回想一遍，检查有没有疏漏。施工前，他会组织团队和相关人员进行讨论，结合三维可视化影像重建技术，模拟施工操作过程，制订施工方案；在施工中，李振月更是大胆设想、谨慎操作，不放过任何一个可疑之处，努力把工程做到尽善尽美。

三

　　匠心，从狭义上来说，是把一件事情或是工作做好；从广义上来说，是要有把每件事情当成作品来做的态度。追求品质，不仅在建筑本身，还应扩展到方方面面——技艺、方法、态度、创新……

　　"要肯干，更要巧干。"这也是李振月的"老毛病"了，每次安装施工时，他都要考虑能不能用其他方法使工程做出来更美观、实用，更节约成本。善于动脑的李振月结合实践经验，发现了有些施工工艺并不合理，影响工作效率，即便是专家提出来的，他也会直言布局、设计、施工工艺中有哪些不足与短板。

　　随着社会的不断发展和生活的不断进步，安装现场有些设计并不那么适宜。比如，管道井管道布局，以往设计院画图的时候都是"中心齐"，也就是以管道的圆心为标准对齐成一排排列，但在实际施工中很难进行。这么多年过去了，大多安装施工队都是按图纸操作的，没人琢磨这事儿，好像设计院设计的东西都是对的，人家是专业的人干专业的事，能不比咱这些下苦力的强？但李振月就敢想、敢改、敢干。李振月认为在管道井管道布局"中心齐"不科学，做出工程来也不协调美观，于是，在2006

年，李振月有了以管道的一边为标准对齐的想法。

　　开始，领导对这种方法并不认可，毕竟"中心齐"是沿用多年的方法。但也许正如鲁迅先生所说"从来如此，便对么"，李振月对自己的这套方法有信心。结果当工程采用"一边齐"的方法后，管道井管道布局既美观整洁，又节约了人工成本，还提高了工作效率，至少节约了三分之一的工时，最终也得到了领导的高度认可。从那以后，"一边齐"成了施工中必须遵守的新标准。后来，设计院的人也主动和李振月沟通，从画图纸开始就设计为"一边齐"。

　　"其实解决问题的办法并不麻烦，关键是要肯想，研究透了就能解决大事。"李振月告诉我们。

　　"青年楷模，凭巧手技以载道；工匠代表，用真心立业建功。"2016年6月20日晚，由中共山东省委宣传部、共青团山东省委、大众报业集团、山东广播电视台主办的"齐鲁最美青年"发布仪式在济南举行。山东广播电视台公共频道和齐鲁网共同直播了本次发布仪式。当晚，山东正泰工业设备安装有限公司水暖班组长李振月当选为"齐鲁最美青年"，这就是发布会给李振月的颁奖楹联，它淋漓尽致地展现了一名新时代大国工匠的精神风采。

　　精于工，他耐心专注，诠释极致追求；匠于心，他镂而不舍，传承匠人精神。李振月是新时代的劳动者，一念执着，一生坚守。多年来，他一直以非凡的设计创意及精湛的施工技术，将人文与自然巧妙地融合于新科技、新材料、新工艺中。李振月班组的每一项工程都兼具了机电安装美学艺术与文化的内涵，在满足了使用功能之余，还大大提升了人们的生活水准。

⊙ 上图　2016年，李振月（右）被评为"齐鲁最美青年"
⊙ 下图　2016年，李振月被评为"齐鲁最美青年"的获奖证书

用户满意是我们永恒的追求

"质量是我们的生存之本，而不断追求用户满意是我们持续改进的源泉。我的信条是，质量问题无大小，用户满意是最终验收标准。"在这种指导思想下，李振月始终坚持一切工作必须以机电安装市场为中心、以用户满意为基础进行决策，不断调整自己的工作方针和目标，以适应市场发展和顾客越来越高的需求。

一

"兄弟，为什么又把埋地排水管挖出来了？"
"振月班长说，个别地方有返锈现象，是不合格工程。"
"没事，已经验收过了，一般人都看不出来，再说什么也不影响。"
……
2004年，在市公安局家属楼埋地排水管施工验收后，李振月发现有个别埋地排水管有返锈现象。于是，他立即把施工人员叫到现场，要求施工人员马上把埋地排水管挖出来，重新除锈防腐。尽管有人说验收人员及甲方都没看出来，这事就别这么认真了，可李振月说什么也不同意。

"实际上就一个排水管头上有返锈现象，偏偏让班长发现了。"当时的施工员说。就这样，李振月让十几个施工人员干了四天，对埋地排水管进行除锈防腐后，重新进行施工，损失上万元。

"如果不重新除锈防腐，我心里过不去这个坎。"李振月感觉这样心里才踏实，才对得起业主。

为此，业主单位专门送来一面"施工精益求精追求完美，服务全心全意信誉至上"烫金字样的鲜红锦旗。

"金杯银杯，不如老百姓的口碑。我们干一个工程，就要树一座丰碑，写一路精彩才行。"李振月认为恒久的机电安装项目是一把记录时光的尺子，每一毫米的尺寸增减，每一根线条的美学拿捏，每一块材料的斟酌取舍，都是对匠人精神的考验。

为此，李振月恪守"细节决定成败"的理念，始终以工匠之心，对所有施工项目即便是验收过的项目一一"回头看"，不放过任何一个角落，探寻每一处细枝末节，发现问题，及时整改，及时解决问题，始终以做良心工程为荣，对工作极端负责，对事业无限忠诚。

二

"利他者利己，达人者达己。"在机电安装的大市场上，完善的服务和优良的质量，是李振月班组奋起的两个轮子，缺一不可。李振月像重视质量一样重视服务。

李振月认为在机电安装施工中光有热情、细心、周到的服务是不够的，发现问题后要及时反馈给用户，并提出相应的解决方案，无论什么事都要站在业主的角度上思考问题，对他们进行耐心细致的讲解，为他们提供更好的建议，完工后主动清扫安装现场，待用户验收，有不满意的地方及时做现场调整。如此，才会获得用户的满意和认可。

机电安装，质量全上。李振月承包的工程，从不用假料次材，服务质量一流。塑钢管是个新产品，许多客户因不了解其性能而不愿意用，李振月就开展免费试用业务，直到客户满意为止。对太阳能管道安装，他大都建议安装暗管，这样既减少空间，又清爽整洁。

"用户满意"这句话听起来简单，做起来并不容易，要真正实施到位，就必须将用户不断变化的潜在需求与期望转化为施工全过程各个环节的工作原则及工作标准，渗透到整个施工的每一个过程、每一个控制环节，这样才能做出满足用户需求的产品，提供超出用户期望值的优质工程。

李振月常说，干技术一定要懂经营，一定要成为多面手。在开发新区项目时，他带领的团队大力推行"事前算赢、事中严控、事后总结"的工作方法。施工前对施工成本进行全面细致核算；过程中严格控制材料的使用等关口，从而降低了施工成本，提高了材料利用率，开发新区项目工程的材料节约率与同类工程相比提高6%。为此，李振月所带领的管理班组获得了公司嘉奖和通报表扬。

每个工程都具备各自的特点，李振月在工程前期经常与各参建单位沟通，对建设单位提出的要求，做出客观归纳与分析，结合工程实际情况明确提出合理意见。在回迁小区工程安装施工时，大家意见不统一。为达到用户满意的要求，李振月提出独到见解，并编制系统，绘制了收支曲线，不仅充分满足了业主个性化的需求，还使业主产生了"拥有量身定做的独一无二的产品"的超值满足感，大大降低了施工成本，用户非常满意。整个工程以李振月提供的数据为准，虽然近看李振月是丧失了部分利润，实则他赢得了整个市场的信赖，这个小区的后续工程还将与他们合作。

"服务一个用户，满意一个用户。"这是李振月的服务宗旨。有个乡镇用户5年前安装的水管漏水，找到李振月班组要求维修更换，按照规定这管道已不在保修范围了，但李振月还是派工友赶到几十里外的乡镇进行了更换维修。该单位领导感激地说："真没想到一个电话，李振月真的派人来了，而且服务这么好，效率这么高！"后来，这家单位的领导积极主动把机电安装的项目介绍给李振月班组来做。

"干一个工程，交一方朋友，占领一方市场，树一座丰碑。"李振月时刻意识到，每一个阶段及步骤不仅要从用户的需求出发，还要得到用户的认可才行。他坚持"优质高速创信誉，建筑精品占市场"的企业宗旨，主动作为，先后向社会公开了自己的服务承诺和标准，印发诚信安装标语和员工行为规范等，并通过细致的服务得到用户的认可，得到了越来越多的用户理解、认同和支持，赢得了越来越多的用户的信任和赞誉，很多工程项目非李振月班组来做不行，成为一场双赢的奔赴。

三

绿色，是城市建设的底色，是安装工程的亮色，也是李振月

2021年10月，聊建四公司劳模合影（前排右二为李振月）

团队的本色。绿色施工就是机电安装可持续发展的重要组成部分。

20多年来，李振月始终怀揣着对生态的敬畏之心、对环境的呵护之情、对环保的不变初心，在实现"双碳"目标中，积极主动承担起新时代全国劳模的责任使命，充分发挥自己的管理和技术优势，将绿色理念融入施工管理的每个环节之中。维护施工环境，创建绿色健康工程，成为聊城机电安装绿色施工的先行者，解决了机电安装行业低效率、高污染、高能耗等问题。

在施工过程中，李振月积极推行绿色、生态建设理念，秉承文明施工、绿色施工、安装节能的原则，严格按照绿色工地环保要求，营造"文明、整洁、绿色、环保、节能"的规范化环境，把环保先行嵌入安装施工的每个步骤、每处细节，将各项智慧工艺运用到安装工程中，让绿色施工、环保施工成为工程管理过程中软硬并举的实力，让绿色发展理念融入项目全生命周期。

为防止灰尘污染，需要清扫的区域他们不直接打扫，而是适量泼洒一些清水后进行清扫，以此达到将灰尘清扫干净的目的；对极易生锈的如铁管和钢材除锈时，在这些材料周围都设置了防护围栏等设施，避免了因除锈过程中产生的飘扬灰尘污染空气；对一些生锈的施工物件进行现场喷漆，他们更是做好维护围栏措施，防止漆物随处扩散，并集中存放和管理各种涂料和油漆，任何人不能随意丢放；在使用开槽机、切割机等进行材料切割时，为减少废气产生，他们先在机械作业的部位喷上些许水，盖上隔尘罩，避免了机械作业中产生灰尘飞扬和废气飘荡……

一路走来，李振月让绿色发展理念融入项目全生命周期，留下的不仅仅是一个个精美漂亮的工程，也是对环保的敬畏，对绿色施工的坚持与执着。

金杯银杯不如用户的口碑，金奖银奖不如用户的夸奖。好口碑是从全心全意为用户服务中来的，是从为用户分忧负责和造福中来的，你是否真心为用户服务，用户不会看你怎么说，而是看你怎么干。一个好的施工班组，就应该像李振月班组这样干一个工程，树一座丰碑，写一路精彩，这样才能赢得社会的好口碑，牢牢地占领一方市场。

 第五章 爱心就是一盏灯

爱心其实就是一盏明灯，一经点燃，就会照亮我们前进的方向和路途，就会照亮周围所有勇毅前行的人。只要人人都点亮一盏爱的灯火，那点滴小善就会汇集成闪耀的光芒，这世界定会无限光明和温馨。

用感恩的心做人

　　"最美是家乡，最浓是乡情。以前家里穷，现在条件允许了，我咋能忘了众乡邻？只要父老乡亲们有需要，我能帮就帮，能解决就解决，毫不含糊。"为感恩家乡一方水土的哺育，为感恩父老乡亲那份永恒的真情，李振月想方设法为家乡办好事，做实事。

一

　　"以前家里穷，是乡亲们你一个馒头、我一件衣服地接济，帮我们渡过了难关，那个心情不是一般人能理解的。当时我就想，长大之后有能力了，一定要尽可能多地帮助他们，把这份爱传递下去。"李振月眼含热泪地说，"教场李是生我、养我的地方，是我成长的地方，喝家乡的水，吃家乡的饭，我要为家乡做点儿事。"

　　2018年，村里五保老人吃水困难，李振月拿出3000多元，为老人安装了水管；2019年，李振月与情暖水城爱心众筹平台志愿者协会的志愿者一起，带着中秋月饼和象征祝福平安的大苹果在教场李村慰问高龄退役老军人。

　　每逢佳节，李振月都会为村里德高望重和部分有困难的老人送去生活用品，为孤寡老人送去衣服和礼物，特别是为那些小时候帮助过他的人；每到年末，他都主动去探望有困难的老党员，虚心向老党员学习党的优良传统和作风……

二

"这净化水烧开没有水渣滓，还没有异味，跟城里人喝的纯净水一个味道。振月可为村里办了一件大好事！"在教场李村采访时李大爷说。

"以前俺家里就有自备压水井，压出来的水都是黄泥汤，沉淀半天才清亮，而且水还越来越难喝，井也越打越深，最近一次打到了40米深，水还是没法喝。几年前，村里打了一眼400米深的井，总算解决了吃水难题。"

"吃水问题解决了，我还是经常有个肠胃炎的毛病。"李大爷接着说，"自从去年开始喝上李振月安装净水设备制造出来的水，两个月后我的肠胃炎好转了，至今肠胃再没出过毛病。我就认为是这水治好了我的病。"

为解决村里水质较差和饮水安全问题，李振月自己拿出3万多元钱，无偿为家乡父老乡亲捐赠安装了一台直饮水净水设备。为方便群众接水提水，他还为每户群众配备了两个纯净水桶，让全村群众喝上了健康水。

从"有水喝"到"喝好水"，李振月解决了长期以来教场李村群众的饮水安全问题，滋润了乡亲们的心田，也为乡村振兴注入了源源动力。

为解决路灯不明亮的问题，2017年李振月投资两万多元，用自己团队的管线等原材物料，将村里100多盏老旧路灯灯头全部升级更换为绿色节能的新型LED灯。

为打造出有颜值、有内涵的乡村，在教场李修建村口牌坊时，李振月和妻子拿出了5万多元。同时，利用自己的团队优势，李振月帮助不少村民解决了就业问题。

村里的大事小事，只要是关系村民利益、促进村庄发展的事，李振月都带头支持，他经常为村里的公益建设慷慨解囊。

三

"我建议出台专门针对贫困村光伏发电电网改造升级的有关文件，或是拿出部分治理大气污染的资金，用于支持新能源发展补助，从而形成良好的循环。"2017年，李振月利用人大代表的身份积极呼吁，大力支持光伏产业扶贫，并以人大建议的方式，助力光伏产业扶贫政策的落实，还以实际行动鼓励帮助村内上马小型分布式楼顶屋面光伏项目，让村民们享受"阳光"收入。

"早在2015年前我就开始关注光伏产业了，当时我就觉得太阳能发电可缓解能源紧张，节省不可再生的能源，减少环境污染，是一个有着广阔的发展空间与应用前景的项目。"李振月指着屋顶上深蓝色的光伏发电板说。

为推广光伏发电绿色能源，改善生态环境，建设美丽家园，2015年李振月先后到北京、上海等地参观学习人家是如何利用屋顶发展光伏发电产业的。回来后，他投入5万余元在自己家的屋顶上安装了5000瓦的光伏发电站，这也是东昌府区最早的家庭分布式光伏发电站之一。

　　分布式光伏发电具有"自发自用、余电上网"的特性，这种发电方式既降低了群众用电成本，又具有节能减排的生态效益，作为可再生能源，因其无噪声无污染、维护成本低等特点，受到众多企业和城乡群众的青睐。建成后，只要有太阳就有电，白天用电不用愁，能省一半的电费，用不完的电卖给供电公司，一年能挣六七千元。接着，李振月又将与自己家一排房的8户邻居的屋顶一并改造，不但让这8户邻居节省了两万多元的房顶改造资金，而且邻居们不用投入一分钱，每户每年还有800元的分红收入，且改善了农村屋顶光伏分散导致的维护难题，村民们连连叫好。

　　在李振月的带动下，村里很快为建档立卡扶贫户都安装上了光伏发电设备，使村民的屋顶变成了绿色能源新高地，让闲置屋顶变身为村民增收的"金屋顶"，给了村民们一个"阳光存折"。这种变"输血"为"造血"的扶贫措施，立刻在聊城引起强烈轰动，参观者络绎不绝，特别是东昌府区，几乎全区的扶贫干部都到教场李村观摩过。这有效提高了全区群众利用屋顶增收的积极性，使光伏扶贫成为脱贫攻坚不可或缺的重要力量。

　　小小光伏板装点下的"金屋顶"在冬日暖阳的照射下熠熠生辉，它不仅让群众享受到了"绿电"的便利，也为群众带来了真"金"白银的收益。作为朝阳产业的光伏发电产业，不仅点亮了乡村振兴梦，而且正在为城乡绿色发展注入新的动能。

　　有句话说："草感地恩，方得其葱郁；花感雨恩，方得其艳丽；己感彼恩，方得其壮大。"世间的美好，莫过于己感彼恩，莫过于善与爱的传递。懂得感恩的人，铭记爱，也传递爱；感念温暖，也释放温暖，自会得到生活的眷顾，运气也一定会越来越好。

幸福溢满公益路

"作为志愿者参与社会公益活动，不求回报，一个微笑、一次问候、一句嘉许，都能让我高兴好几天，都能持续不断地为我提供前行力量……"李振月的话语里透着笃定与满足。

——

"如今我和孔繁森是一个新村的了。"和孔繁森一个新村，这让李振月感到荣幸和荣耀。本来李振月所在的教场李村和孔繁森故乡五里墩村就是前后邻村，村接村，地连地，为抱团发展，推动乡村振兴，实现共同富裕，2020年，由教场李村和孔繁森故居所在的五里墩村等周边5个村联合组成"繁森新村"。

"作为孔繁森的老乡我感到特别光荣。"李振月清楚地记得，在上小学的时候，孔繁森就被誉为"九十年代的雷锋"，李振月深深地被孔繁森的奉献精神和艰苦奋斗的作风所感动。

30多年来，孔繁森精神深深植根在李振月心底，成为他人生的榜样和动力的源泉，给了他无限的勇气，在他心中树起了一座永不磨灭的丰碑。李振月立志要做一个像孔繁森那样的好人，轰轰烈烈地干出一番事业，让生命在每分每秒里发出光和热，让生命的价值最大化。

李振月把孔繁森的日记抄在笔记本上，将践行孔繁森精神、弘扬孔繁森精神当作自己义不容辞的责任，始终将孔繁森精神转化为勇于担当、无私奉献的不懈动力、具体措施和实际行动。

二

"他们都在力所能及地做着好事，这一点让我很有感触。做志愿者不图物质回报，但他人的认可、被需要的感觉、社会的归属感或许更为重要，相比投入人力、物力和财力而言，我收获的快乐才是真正的无价之宝。"李振月对于加入水滴善行协会感受深刻，这一朴实的价值观支撑着他一路走下来。

2015年，李振月作为年轻的共产党员、公益事业的热心人，在全国先进工作者念以新等人的感召下，秉持"奉献、友爱、互助、进步"的志愿服务精神，欣然加入水滴善行协会等多个公益组织，积极参加水滴善行协会开展的各种志愿者服务活动。

2018年，李振月与聊城市水滴善行志愿者协会成员一起开展了"暖冬行动"，15名志愿者带着生活用品、慰问金，分组走访了蒋官屯镇朱庄、王屯等村极度贫困家庭，为这些家庭送去了温暖和关爱，让他们感受到了料峭寒风中的温暖。

为了表达对留守儿童的祝福和关怀，在春节来临之际，李振月号召身边的亲朋好友慰问留守儿童，带领大家一起为留守儿童换上新年新衣，送上书包、文具、书本等学习用品，还和孩子们一起在操场上做游戏、合影留念。孩子们收到礼物非常开心，虽然父母不在身边，但是这份礼物让他们感受到了节日的氛围，体会到了社会的温暖。

2019年，李振月还为"爱心夏令营"捐了款，温暖了孩子们那稚嫩的心灵。

最让聊城市水滴善行志愿者协会发起人白炳生津津乐道和感动的是，2019年6月，该协会开展了"情暖高墙·关爱特殊留守儿童"活动。在聊城监狱提供的服刑人员家庭信息里，他们知道了一个8岁的孩子——尔东（化名）。李振月得知情况后，迅速来到他的家中。

亲眼看到母亲被杀、父亲入狱场面的尔东，产生了巨大的心理创伤，焦虑、抑郁、恐惧……他和奶奶相依为命。李振月初次见到祖孙俩时，二人满脸都是漠然。当提到尔东的爸爸时，奶奶失声痛哭，尔东也抱着奶奶不知所措地哭了起来……

"我很小就没有了母亲，但我没有被困难压倒。孩子，你要振作，要努力！以后有困难就与我们水滴善行志愿者协会联系，我们会尽力帮助你。"

7月22日，李振月再次来到尔东的家，他像父亲一样抚摸着孩子的头，在安排好奶奶的生活后，李振月把尔东接到水滴善行会的爱心夏令营里，让他与来自不同的地方，经历了不同辛酸的26位水滴少年一起生活。李振月几乎拿出全部精力，与水滴爱心人士一起，关注尔东的心理健康引导，一次次陪伴尔东散步、聊天、玩耍，一次次选择尔东喜欢做的事情陪他一起做，一次次潜移默化、润物无声地耐心教育、诱导他。这丝丝暖流渐渐流入尔东的心田。

有一天，尔东抓住了李振月的手说："叔叔，我从小就喜欢象棋……"第二天，李振月买来一副精致的象棋，让尔东"教"

⊙ 2019年，李振月（左四）参加水滴善行活动

自己下棋……

在半年的时间里，李振月与其他爱心志愿者不时地给尔东和奶奶送去棉裤、运动服、课外阅读书等用品……慢慢地，尔东的手伸了出来，眼睛开了、亮了，脸上也有了开心的笑容……

奶奶看着尔东笑眯眯地下象棋时那认真专注的样子，激动得热泪盈眶，她用那满是老茧的手紧紧抓住李振月的手，不停地说："真好，真好，真好，如今社会主义就是好，共产党就是好，自从遇见你们，孩子会笑了……"

"投身公益事业，我收获了很多，每当看到一个又一个孩子拥有了更美好的人生，一个又一个家庭重获了久违的温馨，这种幸福感、成就感是一切物质形式都无法替代的。我希望做一辈子的志愿者，努力去做一些力所能及的事，不断传递正能量。"谈起多年做公益的感受，李振月心里总是满满的幸福。

三

"俗话说：赠人玫瑰，手有余香。奉献爱心，收获希望。相信受惠学生会把滴水之恩，化作自强不息的勇气，用优异的成绩报答社会的关怀之情，不辜负社会各界的殷切希望。"

2017年5月19日，《齐鲁晚报》"阳光励志奖学金"名企认领活动再次走进东昌府区堂邑中学，奖励了品学兼优的农村学生。与以往不同的是，本次奖学金的捐赠者是李振月。

起步于2014年3月的"阳光励志奖学金"名企认领活动，是由《齐鲁晚报》联合聊城团市委、蒲公英行动（聊城）志愿者协会发起，通过倡议聊城知名企业或企业家进行爱心捐助，募集励志基金在全市一些农村中小学校设立奖学金。经过三年的发展，这一公益项目已经成为聊城众多企业家捐献爱心、从事公益活动的重要平台。

作为全国劳动模范的李振月虽然不是家财万贯的企业家，但听说这一公益项目之后，随即就持续关注着有关"阳光励志奖学金"名企认领活动的消息，并最终决定秉承"爱在心中、行在脚下"的理念，从自己微薄的收入中拿出一定的资金，在东昌府区堂邑中学设立了"振月阳光励志奖学金"，连续三年奖励品学兼优的农村学生，以激励学生勤奋学习，努力进取。

对于李振月的举动，堂邑中学以及蒲公英行动（聊城）志愿者协会等都非常感动。据蒲公英行动（聊城）志愿者协会会长苏金生介绍，李振月本身就不是多么富裕，可是依然能慷慨解囊来奖励、资助农村学生，这无疑给更多平凡市民从事公益之举提供可以学习借鉴的地方。

"因为家庭贫困，初中就辍学了，这是我一辈子最大的遗憾。现在我有能力了，我不希望再有人和我吃同样的亏。我上初中时就读的就是堂邑中学，那个环境让我印象深刻，农村的教学环境太需要改变了。"多年的商海博弈，让李振月更加意识到教育对于改善家乡环境面貌的重要性。

李振月不仅在学校设立了奖学金，而且在社会上资助了很多上不起大学的学生。2016年，刘媛媛（化名）以优异的成绩考上了山东大学物理与微电子学院，但高额的学费却使她犯了难。团市委发出向考上大学的贫困学生提供资助的倡议后，李振月积极响应，捐资1000元钱，帮助刘媛媛顺利地实现了上大学的梦想。

2021年，为让党报走进课堂、走近学生，让广大青少年学生更好地学党报、用党报，使学生们通过阅读党报更好地了解聊城、了解中国、了解世界，将来成长为国家和社会的栋梁之材，李振月拿出上万元为聊城市技师学院捐赠党报，为学校高质量立德树人增添了澎湃动力。

重阳节来临之际，李振月出资倡议、组织"爱在重阳节，情暖老人心"志愿慰问活动，走进村里看望老人，为其送上米、面、油等实用生活物资，并询问老人生活、身体和家庭状况，送去节日的问候及祝福，鼓励他们战胜生活中的困难，树立生活的信心。

"过去，我认为做公益的都是有钱有闲的人，可参加活动后才恍然大悟，做公益是一种有利于社会的举动，大多数人都拿着微薄的工资，从事繁重的工作。他们在家庭的责任之外还能抽出时间、精力去关心和爱护需要帮助的学生、家庭，这种无私奉献的精神感染了我。另外，一个人的力量很有限，做一件好事、一阵子好事容易，而要坚持做一辈子好事不易，我们还要继续努力，我也希望借助社会的力量，能把这份善心传递出去，把善心延续下去。"在李振月看来，善举微光，提升的是社会温度，点亮的是城市文明，接下来的路还很长，但是在公益的道路上，他是不会停下脚步的。

"对我来说，'志愿者'三个字不仅仅是一种身份，更是一种精神象征，我希望通过我的努力，让这种精神感召更多的人，让大家都参与到志愿服务中。"李振月说。

是啊，一个公益人物就是一盏明灯，指引人们走向向善的彼岸；一个公益集体就是一本鲜活的教材，向人们展示出集体爱的无上荣光。

用热血点亮生命之光

"李振月，由于半年内你献过400毫升血，医生建议你这次少献点儿。"李振月笑着摇了摇头说："没关系，我年轻，身体好，这也是一件利民、利己的事情。"

作为一名共产党员，李振月一直有着这样的信念："一个人的价值，应该看他奉献了什么，而不应当看他取得了什么。"

一

"第一次献血害怕吗？"

"第一次献血，哪有不害怕的？"回忆自己第一次献血，李振月仍历历在目。"无偿献血是爱心奉献的体现，可以帮助病人解除病痛，可以抢救他人的生命！"怀着这个想法，李振月瞒着家人来到血站，偷偷献了第一次血。

第一次献血后，李振月并没有出现电视上演的那种不舒服的感觉，因此他对献血知识有了更加全面的了解。特别是当李振月在报纸上看到"大出血患者输血后保住了生命"的新闻后，更加坚定了坚持参加无偿献血的想法。每年他都会利用周末或休假"偷偷"去聊城血站"报到"。

"没想到自己不经意的一个举动，竟然能为一名患者带来生的希望，这是一次弥足珍贵的缘分，使我能用自己微不足道的付出，改变他人的生活。我很高兴，也很荣幸。"李振月感慨地说。

献血时间长了，看到了太多的人间冷暖，更加坚定了李振月无偿献血的信念。有时接到血液中心的紧急献血通知，他都会毫不犹豫去支援。

李振月珍藏的献血证上面清晰地记载着他每次的献血记录：2010年12月献血400毫升；2011年9月献血400毫升；2015年10月献血400毫升……

2010年至今，李振月累计献血达3600多毫升，他用自己滚烫的热血为他人的生命"加油"。这些带着温度的数字，记录着他以热血助天津、援威海、济贫困、扶弱小的爱心。

"每次献完血，没感到任何不适，也不影响工作状态。"李振月说得云淡风轻。因此，不管自己多么忙碌，只要献血时间到了，他总会第一时间赶到血站。十多年来，无偿献血已成为他生活中的一部分。

二

"一人献血百次，不如百人献血一次！"献血的经历，使李振月对生命的感悟比以往更加深刻。他认识到，临床用血量不够、入库数量少，都是制约更多生命得到救助的瓶颈。一个人的力量是微不足道的，但无数人的力量集合在一起就是大能量，只有更多的人加入捐献队伍中，才能让更多的生命获得重生的希

⊙ 2019年，李振月（右一）的献血照

望。

"捐献可以再生的血液，挽救不可重来的生命，希望大家都能参与进来，用热血传递真情。"李振月已经是一名资深的无偿献血者，为了呼吁更多人加入献血行列，他不断以自己的切身经历，为志愿者讲解捐献意义、流程、捐献过程中的点滴细微感受，帮助他们取得亲人的理解和支持，消除他们的紧张情绪，并陪伴他们完成献血的整个过程。

"我们身边有许多需要帮助的人，每当看到因为自己的一点点付出，就可以帮助到有需要的人，甚至让他人重获新生，我就觉得献血这件事情非常有意义，能加入献血队伍中，我感到无比骄傲和自豪。"李振月朴实的话语中透露出发自内心的笃定。

"一个成年人血液的总量约占体重的8%，一次献血200至400毫升，只占总血量的1/20，不会影响身体健康，还可以刺激身体产生新的血细胞，增强人体造血功能，促进血液的新陈代谢，最重要的是还能救人。"起初大家都会有些不安，但时间久了，很多人会主动找到李振月，让他带着一起去献血，有些人已经成为固定参与献血的"常客"，让献血这件事当成自己生活的一部分。

在不断发动更多的爱心人士加入志愿献血服务队的同时，李振月还积极主动张罗着无偿献血的组织工作，他不但动员自己身边的工友加入无偿献血的队伍之中，而且对接企事业单位开展无偿献血活动。他已连续多年协助公司党委、团委联系沟通献血事宜，让献血车开进了公司园区和项目部，合计组织了300余位党员、职工参与献血。

三

对于李振月坚持献血的做法，家人又是爱怜又是担心，怕影响他的身体。李振月却有自己的想法："献血到底会不会影响身体？只有献过才知道。我献过这么多次血，并没有影响自己的生活和工作，所以没有尝试不能轻易下结论。"

"实际上，平时我的工作就是不断地跑跑颠颠，干些体力活儿，我根本不用特意锻炼，身体一直很好。"李振月对自己的身体状况非常自信。

在捐献几年的全血后，李振月了解到，除了捐献全血外，还可以捐献成分血。捐献成分血主要是捐献血小板，成分输血可以一血多用，节约血源，针对性强，疗效好，副作用少，便于保存和运输。"捐献全血间隔期不少于6个月，捐献血小板就方便多了，每隔一个月就可以献。"

有一次，李振月无意间听说有个孩子得了白血病，家人为了给孩子治病散尽家财，还是没有救回来。这件事情对李振月触动很大，他决定加入中华骨髓库，成为造血干细胞志愿捐献者。虽然他知道非血缘关系的造血干细胞配型成功率只有万分之一，但这个救人的机会他不想错过。

一两次献血容易，13年坚持无偿献血并不容易，李振月13年不断无偿献血的事迹，感动了很多人，也激励了很多人。他的凡人善举激荡人心，他的热血滋润心田，彰显了机电安装人大爱无疆的精神，推动了社会文明、互助、友善的良好风尚。

用心履职解民忧

"人大代表不仅仅是一个光荣的称号，更是一种神圣的职责，当代表不为群众办几件实事、好事，也就失去了当代表的初心。"这是自2019年李振月当选为聊城市第十七届人大代表，并被补选为人大常委会委员以来，他对人大代表的荣誉感、责任感、使命感的深刻认知。他始终没有把人大代表看成是一种炫耀的资本，而是将其视为倾心为人民群众办实事、解民忧的责任、义务和担当。

一

李振月认为作为一名人大代表，首先要有树立全局观念的思想觉悟和政治站位，否则，中央和省市委的精神就不能很好地贯彻下去，人大工作就缺少了灵魂，人大代表的宣传员和联络员的作用就不能很好地发挥。因此，他时刻把提高政治素养记在心里，以贯彻中央和省市委决策部署来践行代表职责。

为提高自身素养，李振月树立"在社会大学需要终身学习，永远不会拿到毕业证"的学习理念，在思想上有自觉性，把学习当作一种追求、一种快乐去实现；在态度上有经常性，持之以恒，舍得投入时间和精力；在内容上有广泛性，积极参加各种学习培训，认真学习有关法律法规和业务知识，拓展深度和广度，坚持学习人大理论和业务知识，丰富自身阅历，坚持参加市人大组织的各种会议和活动，学习和掌握人大工作的最新动态，不断强化代表意识，更好地服务选民。通过学习，李振月提高了思想理论水平和个人综合素质，进一步增强了政治敏锐性和政治鉴别力，增强了依法履职的责任感、使命感，强化了群众意识、权力意识、法治意识、服务意识、代表意识、监督意识，为履行好代表职责打下了良好基础。

为提高自身素养，李振月勤于思考。他牢记"学而不思则罔，思而不学则殆"，多思考工作学习上的差距，多思考如何更好为民代言，多思考如何提高代表履职质量和效果，以思考助学习，以思考促履职。他还经常对如何审议各项工作报告，如何审议规划、预算报告，如何提出高质量代表议案和建议，如何提高闭会期间代表活动实效等内容进行深入思考。同时，他善于实践，做到了学以致用、用以促学，把学习和思考的成果转化为代表履职实效，转化为为人民服务、对选民负责的责任担当。

二

在日常工作中，李振月严于律己，顾全大局，创造性地开展工作，把自己应该做的事，当成喜欢做的事来完成。他不断要求自己在与时俱进、勤学苦练上有新进步，在尽善尽美做事上有新成效，努力做一个提升人大代表形象的践行者。

李振月认为，人大代表既要敢于为人民群众说话，做人民群众的代言人，又要善于为政府和社会的长远发展建言献策，做决策的参谋者，必须要有强烈的责任心。牢记"人民选我当代表，我当代表为人民"的庄严承诺，绝不能辜负人民的信任和重托，无论是参加人民代表大会、执法检查、视察调研，还是参加代表团活动，都是依法执行代表职务，都要做足充分的审议发言准备，提出有价值的建议，完成好自己肩负的职责。

为做好履职工作，合理安排时间，李振月学会了"弹钢琴"，分清轻、重、缓、急，少一些被动，多一些主动；他始终牢记代表身份和义务，特别是本职工作与代表工作发生冲突时，他都会"抽"出、"挤"出、"拧"出相当一部分时间和精力去参加代表活动，履行代表职责。

为提高履职实效，做到履职到位。李振月在人民代表大会上提出议案、建议、意见和批评，在听取和审议"一府两院"工作报告时作审议发言，在参加执法检查和视察等工作中指出问题、提出意见，在开展监督工作中对评议对象进行评议，都敢于说话，敢于说实话、真话，不说套话、空话。他着眼于党和国家工作，从大局出发表达自己真实意见和看法，而不单纯地站在本单位工作需要的立场上发表意见，有效促进了"一府两院"及有关部门改进工作、解决问题。

三

"写建议要'用心、留心、细心'，这样才能保证提出一个又一个切实可行的建议，才能及时正确地反映群众的呼声，为老百姓办实事。"李振月经常说，"我是选民一票一票选出来的，选民选我当代表，我就要对得起这份沉甸甸的信任。"

点滴心血，见于日常。在日常履职实践中，李振月是这么说的，也是这么做的。无论工作有多忙，他都注重充分发挥基层代表与选民零距离、常见面、接地气的优势，聚焦各类痛点、难点问题，认真倾听群众心声，记下群众的所需所求，力求广泛集中民智，准确反映民意，多提出具有前瞻性、代表性、准确性的建议，而且无论是个性化的"小困扰"还是政策性的"大难题"，他都千方百计把小事办实，实事办好。

"群众的难题就是我的难题，为民办事是我们当代表的职责，我要把百姓的困难当作自己的事，在火热的代表履职中，把为人民服务的宗旨永远保持下去。"有了广泛深入的调研走访，就有了掌握实情"底牌"，李振月敢于对有关部门说"不"，不当"点头代表"。2019年，李振月提出了关于加快落实库区移民后期扶持政策的建议，因时间过长，各部门责任不明确，存在推诿扯皮、不重点调度，谁也不想揽责任等不敢为、不想为现象，问题始终没有得到有效解决。李振月等人经过多方努力协调，终于落实了库区移民后期扶持政策，得到群众的交口称赞，这条建议被评选为优秀市人大代表建议并受到表彰。

"我的梦想是尽自己最大努力为农民工群体带来实惠。"李振月如是说。作为农民工中的一员，李振月接触最多的就是这个群体，他知道这些人的所需所求、所盼所忧。

农民工群体流动性大，他们背井离乡，权益不能很好地被保障，更直接导致了留守儿童、留守老人等社会问题的出现。这些年，李振月十分注意倾听、记录身边的呼声，多次提交关于改善农民工保险断缴、工资拖欠、教育培训欠缺等情况的议案，期望农民工劳有所得、病有所医、老有所养、住有所居，更好地为城市建设添砖加瓦。

李振月还特别关注优秀农民工加入党组织的问题，他认为现如今有很多优秀农民工迫切希望加入党组织，但由于长期在外务工，形成了户籍地入党不方便、在单位入党受名额限制的现象。工作中，很多农民工有着高超的智慧和提升现有工艺的能力，这部分人如果能被挖掘出来，加以培养，肯定能够向着高、精、尖方面发展。同时，在各项政策上给予农民工扶持、倾斜，定期专门表彰一批优秀农民工，让农民工学有榜样，干有方向，必能为聊城的高质量发展做出应有的贡献。

"农民外出打工，说小了是为了家里过上好日子，说大了是为祖国建设做贡献。"为此李振月建议，聊城要发展，不仅要引进高精尖人才，也要培养培育和发现本土人才，并有序引导优秀的农民工加入党组织，从而让其带动更多的优秀农民工向党组织靠拢，深得产业工人的称赞。看着农民工的地位越来越高，国家对农民工越来越重视，李振月很是欣慰。

自2019年来，李振月先后提出"关于清除城区和乡镇废弃电线杆、规范各类线路的建议""关于水城广场加装路灯的建议""关于建筑施工企业的建议""关于建设领导干部的楷模——孔繁森精神教育基地的建议""关于将聊城市革命烈士纪念馆提档升级为鲁西北红色教育纪念馆的建议"等13件代表建议，每一条建议他都字斟句酌地完善，就像用心雕琢一个机电安装的作品。他提的建议，都得到了政府及有关部门的重视、采纳，很好地发挥了人大代表的作用。

翻开李振月联系选民意见建议记录簿，涉及民生的60余件平凡的小事汇集成他倾听民声、为民解忧的行动轨迹，诠释了一名共产党员、一名人大代表的光荣使命。三年的履职过程，使李振月对人大代表如何履职有了更多、更深刻的理解。他说，下一步他会心怀大局、立足现实，更用心地倾听、深入调研，用心用情履职尽责，争取提出更多高质量、代表民意的建议议案，为社会经济发展建言献策。

"担任人大代表是光荣的、神圣的，执行代表职务、发挥代表作用的职责是崇高的、艰巨的。三年多的履职实践，使我认识到'人民选我当代表，我当代表为人民'不是口号，而是具体行动。"过去的三年多，李振月心系百姓、情牵民生，汇聚民意、凝聚力量，把一个个"愿望清单"变成了一份份沉甸甸的建议，交出了一份份合格的履职答卷。

 第六章　无愧事业愧对家

汪国真在《热爱生命》里说："我不去想是否能够成功，既然选择了远方，便只顾风雨兼程。"对李振月而言，选择了机电安装这个职业，就等于选择了没有足够的时间去陪伴家人的生活，有的只是对机电安装事业的执着和对业主、用户的责任和担当。

星光·日光·月光

"这些施工项目都是有生命的，当你用手去触摸它，就能感受到它传递给你的力量。"触摸着这些熟悉的施工材料，李振月的眼神专注而温暖。

一

陪伴李振月最长久的，应该就是天上的太阳。太阳也定是爱勤勤恳恳的李振月的，才会一直追着他跑，风吹日晒，给他原本白净的脸镀上了一层黑。

"我每天早晨五点半起床，多年来，这就是我的生物钟。"李振月的一天，比其他人开始得要早一些。他用一个小时快走，这是一个独处和自我对话的过程，他可以系统地思考工作方向、技术规划和落地策略。运动对于李振月来说是充电的方式。

"我特别喜欢筋疲力尽后大脑放空的感觉，吸收东西特别快，就像是一片海绵。"他说，自己在重要的学习和思考前都会保持这样的状态。

早上七点左右，李振月准时到施工工地，有时工期忙时，他五点半就到工地。他要抢在工友们前边，仔细巡视和检查工地，把准备工作做妥当，这是他每天必做的"功课"。

李振月大部分时间都在工地上盯着，一天要跑好几个工地，越是项目施工的关键环节，他越是不敢有丝毫马虎。

"这个管子留得太长了，既浪费又不好施工。"

"在管道井这么小的空间，你这样安装管子，水表装在哪里？后期怎么维护？重新做！"聊城高新小镇有6栋楼是由李振月带领的团队负责安装施工，目前正是水暖管道安装的关键时期，工人们正在忙着安装自来水管道和地暖管。打开随身携带的手电筒，李振月沿着黑暗的楼梯，挨个楼层查看施工现场，仔细检查安装过程的每一个细节，不时指出存在的问题。

二

在济南明湖热电厂安装时，为了抢进度、抢工期，保证按时施工生产，李振月连续二十余天吃住在工地，从组织筹划到完工投产，他事事亲力亲为，从一根管线、一个螺丝到工作面支护、支架的运输，他都科学统筹、细化工序、合理规划工期，带头按部就班、有条不紊地组织各项工作。

冲在前、干在前、打好样是李振月一贯的工作作风。只要遇到技术障碍，他总是第一时间赶到现场，千方百计地解决问题，及时记录和分析每次情况，找出共性，总结经验。他也常说"喊破嗓子，不如做出样子""弯下身子，大家才能给你面子"。在60多米高的烟囱上安装检测设备，谁都不敢上，李振月上去了，但下来时，他战战兢兢，足足用了两个多小时，全身都湿透了。

"哪里需要我，我就到哪里去。"李振月每天在各个施工点来回奔走巡查，白天在现场检查工程进度、质量和安全，光上下楼梯不下上万个台阶；夜间他还要陪着班组工人通水测压、爬吊顶查漏点，班组工友不下班他不离开工地。他既要对施工现场存在的各种问题提出稳妥有效的解决方案，还要进行沟通和协调，使管理力度得到进一步加强。有时一天跑下来，他在椅子上瘫坐好一会儿才能起身，腿是酸的，鼻腔是黑的，脸上布满一层细细的灰尘。

忙碌是任何一个负责任班组长的常态，许多时候，李振月早出晚归、东奔西忙。对此，工友说："我们班长非常敬业，也非常严格，大家怕看到他，又怕看不到他。"工地上的工友们成了一个个可爱又有趣的矛盾体：看到他，很可能会被指出不足，会受到批评；看不到他，又遗憾没有更高的标尺来判断自己的工作是否真的有所突破。

三

"每天下班回家，只要看到他在发呆，我就知道肯定是工地或其他地方有活儿没弄明白，回家继续琢磨，甚至有时晚上做梦、说梦话都是工作的事。压力大的时候他深夜里躺在床上，翻来覆去不能入睡。"李振月的妻子刘瑞红心疼地说。

"每天晚上临睡前，我躺在床上就会把当天的工作像放电影一样在大脑里过一遍，如果发现问题不多，第二天到现场马上改过来；要是问题比较麻烦，当时就得起床用纸笔记下来。"李振月坦言，如果碰到非常棘手的问题没有解决，他晚上就会失眠，想睡也睡不着。

"在其位谋其政。既然当了这个班长，就得努力。"熟悉李振月的人都评价他太拼了。

"工作这么多年，累，但是很有成就感。古往今来，事业上有所成就者，大凡离不开两条：一是有强烈的事业心和责任感，二是有锲而不舍的勤奋和努力。机电安装事业给了我施展才华的舞台，我就得尽心尽力地把工作当成事业来做，这样才能对得起自己。"

"我深爱着我的机电安装事业，为它付出我无怨无悔，远离了火热的机电安装工作，我将无法平静，我已经习惯了忙碌的工作、紧张的生活，这让我感觉到踏实。"为了工作，李振月忽略了很多。

爱因斯坦说过："对于一个人来说，所期望的不是别的，而仅仅是他能全力以赴和献身于一种美好的事业。"李振月所期望的就是这种美好的事业，他认为美好的愿景需要爱岗敬业，需要踏踏实实的付出。披星戴月、实实在在的行动淋漓尽致地诠释了一个机电安装人以安装事业为荣、以服务人民为荣的荣辱观，酣畅淋漓地彰显了一个机电安装人朴素而真挚的时代担当。

舍小家为大家

"我确实不是一个称职的爸爸，不是一个合格的丈夫，我愧对老人。我很感谢我的家人默默地支持我，要不我不可能一心扑在工作上。"李振月谈起对孩子、妻子和老人的亏欠，显得有些遗憾，那份深情、那种无奈让人动容。

一

提起父亲，李振月声音很低，语气中充满了愧疚。

李振月至今还记得1999年冬天，父亲被一辆三轮车碰伤，造成脚后跟处肌肉撕脱，不能行走，而他那时正在冠县安装施工现场。无法抽身的李振月马上联系上自己的工友帮忙，才将父亲送去医院检查治疗。

2008年，李振月的父亲被一辆无牌无证的摩托车撞伤，半月板都摔裂了。父亲给李振月打电话，但他正与哥哥在济南施工现场日夜鏖战。无奈，李振月立即让自己的同学带着父亲去医院治疗。

住进聊城市人民医院的父亲，是多么盼望儿子能在身边啊。尽管第二天李振月哥儿俩从济南赶到医院已经晚上十一点多了，但第二天一早，他们哥儿俩还得含泪告别病床上的父亲，回到施工现场。

从济南到聊城开车一个多小时就能到达，但他们哥儿俩还是十几天后才回到聊城，因为工期紧、任务重，他们只好披星戴月、夙夜不懈，他们实在无法分身啊。老人家硬是忍住了思念儿子的泪水。

工友们对李振月哥儿俩说，请几天假照顾老人吧，而李振月哥儿俩却放不下工作，他们说："被信任是一种责任，业主将工程交给我们是对我们的信任，必须竭尽全力干好，确保万无一失，不能因为家里的事情耽误了工作。"李振月这种认真负责的态度，深深感染着每一位工友，使精益求精、甘于奉献成为整个班组的精神信条。

"我很感谢妻子帮我照顾老人，让我能安心工作。"当时伺候老人的重担全丢给了妻子刘瑞红，她一大早要先照顾孩子，而后送孩子上托儿所，接着要马不停蹄地到医院照顾公公。在公公住院的那段时间，刘瑞红跑前跑后办手续、拍片子、推轮椅，细致入微地照护。为了能让公公多补充点儿营养，她总是变着花样为公公做可口的饭菜——排骨、包子、水饺……

"我们一开始还以为她是你的女儿。"同病房的病人都羡慕李爸爸有个"好女儿"，纷纷对刘瑞红竖起了大拇指。对于刘瑞红的付出，李振月满怀感激："父亲身体恢复得很好，瑞红把所有的压力都承担了，从来没向我抱怨一句，这个家多亏了她。"

那时刘瑞红还担心怠慢了公公，但公公安慰她说："振月老是忙，愧对家里，尤其愧对你，你照顾好孩子和自己，就是最大的孝顺！早来一会儿，晚来一会儿，没事儿。"听到这里，刘瑞红当时鼻子一酸，哭出了声。

不是一家人不进一家门。优秀的人总是惺惺相惜，共同的理想让李振月和妻子走在一起。结婚以来，李振月和刘瑞红相濡以沫、相敬如宾，共同善待父母、养育孩子，一起走过风风雨雨，构建了一个令人羡慕的家庭。

妻子刘瑞红不但喜欢学习，工作上也是一把好手。现在，她把更多的精力用在了家庭上。"因为振月在外面工作忙，要加班，我发自内心支持他，就多干点儿家务活儿。而且，家有一老，如有一宝。我要趁老人健在的时候好好孝敬他们，有时候我还带着孩子和老人参加旅游团，坐飞机到大连等地旅游散心，目的就是让老人生活得健康又快乐，不让振月分心，不让自己留下遗憾。"刘瑞红深情地说。

二

李振月在2003年结婚。他把婚期定在他负责的一个楼盘交工后，结果楼盘没能按时交工。李振月说，即使这样，他仍然加班完成了工作，在结婚前两天的下午才赶回家，婚后的第二天便返回了工地。

女儿出生的时候，李振月把一颗心拴在工程上，无暇顾及家庭，直到妻子生产的当晚才赶到医院。新生女儿的啼哭像是最美妙的音乐，驱散了李振月满身的疲倦。他望着女儿红润润的笑脸，舒心地笑了。

"李振月工作没日没夜，每天天不亮，他就去工地，晚上很晚才回家。他工作忙，有什么能自己解决的事，我尽量不打扰他。"李振月的妻子刘瑞红很体贴地说。她很理解丈夫，从来没有抱怨过他。

由于工作忙，女儿3岁时妻子就把她送到了幼儿园。女儿上学几年了，李振月只接送过两次。

刘瑞红说，女儿5岁时有一次高烧不退，体温一度达到40.9摄氏度。她不安地给李振月打电话，李振月也只是强压着内心的焦躁安慰了几句，无法回家帮忙。女儿生病吃药打针，从来都是刘瑞红陪着孩子。

"工作上有压力，他不会带到家里，他脾气好，我们没拌过嘴。"知夫莫若妻。善解人意的妻子没有一句怨责，她知道李振月所做的一切都是为了安装工程，安装事业就是他的生命。

夫妻关系在家庭生活中至关重要，是家庭幸福的关键。李振月平常工作繁忙，爱人从无怨言。夫妻二人工作上相互鼓励，相互促进，一方遇到难题了，另一方总是帮着想点子、出主意；一方感到工作压力大了，另一方常陪着一起外出走走，聊一些轻松愉快的话题，帮对方缓解压力。生活上他们相敬如宾，恩爱有加，相互尊重，相互理解，琴瑟和谐。发生摩擦，双方都能设身处地换位思考，求大同、存小异，化解矛盾，成为人人羡慕的模范夫妻。

李振月深深体会到爱不仅是一种感动，更是永远的精神支柱，是生命不可缺少的力量，是喧嚣中的一个寂静的港湾，是疲惫中得到的一种抚慰。生命因它而恬淡，生活因它而丰富。

三

"爸爸回来了吗？"妻子刘瑞红告诉李振月，这是孩子们在谈论起关于他的话题时，问得最多的话。

李振月有一双儿女，但他自知不是一个称职的好爸爸，他感慨地说："建筑工人的孩子就像没爹的孩子。"早上孩子还在睡觉，他就到工地上干活儿了；晚上回到家，孩子已经睡着了。

多年来，李振月也奢望能像普通人一样，多点儿时间陪陪妻儿，但他每天从早工作到晚，几乎住在工地上，虽然每年假期都想带孩子出去旅游，但总抽不出时间，李振月说他基本没有陪过孩子。

由于李振月忙于工作，孩子对他意见很大。女儿李佳诺怨恨过爸爸，怨恨不能在爸爸那宽大温暖的怀抱中，尽情地享受童年的欢乐。马上考高中了，女儿对他"诉苦"了两个多小时，她多么希望爸爸能多陪她一会儿，多安慰她一下呀。可爸爸对她"不管不顾"，没有个"当爸"的样子。他听后心里五味杂陈，想解释却又不知该怎样说。

"爸爸说话不算话，说周末带我们出去逛公园、看电影，始终没兑现过。"儿子李建泽噘着小嘴责怪过爸爸，责怪爸爸总是有忙不完的工作，做不完的事情。每当看到别的小伙伴扑到爸爸怀里，嬉笑、打闹，他的心中总不是个滋味。

"孩子最大的愿望就是一家四口能一起出去玩儿一趟，让自己在更有爱的氛围中慢慢长大，将来可以回忆起更多快乐的童年时光。可我工作起来，就把周末带他们出去玩儿的承诺忘了，这些年竟从没兑现过。因为妻子在工地为工友做饭，那时孩子周末的家就在工地上。"李振月愧疚地说。

但当两个孩子从电视上看到了李振月获全国劳模的纪实短片，看到李振月在炎炎烈日下挥汗如雨，认真操作，其安装工程获得众多奖项时，一双儿女终于理解了爸爸。爸爸的爱岗敬业、执着创新、精益求精、追求卓越的态度被两个孩子看在眼里，记在心上，并视为榜样。两个孩子表露了自己的志向："我以后也要向爸爸学习，成为像爸爸一样优秀的人，给社会多做贡献。"现在两个孩子在潜移默化中受到教育，都是三观端正、勤奋好学的三好学生和学生干部。他们还经常给爷爷、姥姥、姥爷按摩、唱歌、讲故事，逗老人开心。

李振月爱大家，同样也爱自己的小家，但繁忙的工作，让他经常无暇顾及自己的小家。他对他的妻子、孩子以及父亲一定是愧疚的，但是他无愧于人民，无愧于胸前的党徽，更无愧于机电安装人的称号。平凡诠释非凡，平凡亦是不凡。

人不孝其亲，不如草与木

"人不孝其亲，不如草与木。"一个家庭想要幸福和睦，就要相互支持照顾，不能吝啬付出。这是代代相传的家风，也是家庭得以幸福向前的基石。

——

"振月，树大要分枝，人大要分家，这是很自然的事，你说说咱这个家怎么分好？"父亲静等李振月开言。

"第一，我们结婚住的房子还是让我们住，您的存款和村里每年的淹地款，我一分不要；第二，地我不种了，您愿意种就种，不愿意种就租出去；第三，我挣的钱，暂时不上交，您什么时候要我什么时候给您。行吗？"

2003年，李振月结婚没多久父亲就提出要分家。李振月感觉马上要过年了，这时分家不好。于是2004年过完春节，李振月的父亲又在路上截住了李振月，与他商量如何分家的问题。

分家，就是人们口中的"分家产"。在农村，一说起分家，有些人把它当作一件天大的事，好像一个家庭的穷富就看分家时得到的多少；还有的家庭为了分家而破口伤情，甚至打得头破血流；有的还会请来村上亲族和有名望的长辈，或者是把娘舅或姑父等请来裁决，仔细认真地分房屋、田地、家具、粮食、积蓄等。可就是这么严肃复杂的事，让李振月三言两语轻松解决了。本来分家另立炉灶，父母要给儿子买一套锅碗瓢勺，可李振月不但没让父亲买，反而还给父亲买了一套。

过后父亲才告诉李振月，如果当时他向父亲开口要，父亲最少能给他4万块钱。"振月这孩子可是个大孝子啊！不光结婚时这么敞亮，2015年他就给我拿出10万多块钱，一次性缴纳了社会保险，使我第二年就开始每月领到1000多元的养老保险金了。当时我还不愿意让他交这么多钱……"父亲回顾往昔。

二

"家之于我，是一份信任，是一份责任，是幸福的源泉，是疲惫时心灵的港湾。"在李振月心中，孝敬父母是人的天性和本能，丧失这一点就丧失了做人的资格。

"明孝道、知荣辱"是中华民族的传统美德，李振月一直用自己的实际行动，在平凡的生活中演绎着点点滴滴的亲情故事。李振月常说："房檐水点点滴，我们孝敬父母，孩子看得到，将来他们才会一样孝敬我们。父亲一辈子拉扯我们哥儿俩不容易，我不能让他生活得不舒心。"

平日里，逢年过节，或者是到了换季的时候，妻子就与李振月主动商量给公公买新衣服，及时送吃的、用的。夏天热了，他

⊙ 2015年，劳模家庭合影（左一为李振月妻子刘瑞红，左二为李振月，
右一为李振月的父亲李荣章）

们还把家里唯一的电风扇搬到老人房里；冬天冷了，又为老人准备热水袋、电褥子等保暖用品，从没让老人受过半点儿委屈。

2020年回老家过年，李振月和妻子主动把父亲接到自己住的家里。为方便老人居住，他们还把一楼自己的床铺腾给老人住，从不惹老人生气。每逢老人生日，他们总会专门安排，为老人过生日或给老人送来礼品。本来老人不想这么早过生日，给孩子们添麻烦，可李振月说："您趁现在能吃动嚼动，就多吃点儿，等老了，您牙口不好了，想吃东西也没滋味。"父亲被说动了，从这时开始，他们每年都为父亲过生日。

为了更好地照顾老人，改善老人生活条件，2011年，李振月为老人在聊城市区买了一套三室一厅的房子，置办了橱柜、桌椅，安装上灶台、厨具，购买了冰箱、空调、彩电等家用电器及各种生活用品。家里的土地大部分流转了，所以李振月买的是一楼，有47平方米的院落，这为闲不住的老人种菜提供了条件。父亲把菜园当花园一样侍弄，既增加了老人的乐趣，又锻炼了身体。

父亲虽然对生活各方面都很满意，但也因为没有儿女的陪伴而常常感到孤寂和落寞。李振月清楚父亲嘴上虽然不说，但内心还是想找个伴，一起终老。

人们常说"少年夫妻老来伴"，人到老年，身边有伴，才是幸福的晚年。李振月清楚孝顺要以顺为本，不但要在自己的能力范围之内让父母过上衣食无忧的生活，而且也要根据父亲的需要，让他得到精神上的满足。看着父亲一天天地衰老，尤其是看到他孤独的身影，李振月就会在想是不是应该帮老父亲找一个老伴，陪着他安享晚年。

李振月经过与哥嫂、妻子刘瑞红商量后，决定帮父亲物色一个合适的老伴。

他们多方打听，四处牵线搭桥。刘瑞红还动员自己人脉众多、经商做买卖的父亲为公公找老伴，而且先后四次亲自和父亲陪着公公去相亲。当女方得知陪着男方来相亲的是儿媳妇和亲家时，十分感动，很快答应了这门亲事。

三

"很多人都不愿意自己的老父亲或老母亲再找个伴，甚至千方百计地阻挠，我的儿子和儿媳妇能这样为我张罗，真的让我很意外，也很感动。"李振月的父亲含着泪花说。

"父母恩情要及时回报，不要留下子欲养而亲不待的遗憾。"这是李振月常说的一句话。他不但对自己的父母这样，即使对继母也如此。继母说的事，李振月尽最大努力也要办到。

"继母和自己的亲生母亲不一样，既然提出来，需要很大的勇气，不办好不合适。另外，她既然进了李家的门，就是李家的人，我就必须承担起一个做儿子的责任。"

逢年过节，李振月夫妇都给双方老人买衣服礼品，从无分别，不是进酒店宴请，就是轮流到李振月兄弟俩家中聚餐。平日里，刘瑞红总会隔三岔五地拿些蔬菜、水果看望两位老人。

李振月他们不但对继母好，而且视继母的儿女如亲兄弟姐妹。他吸收继母的儿子在自己班组学习机电安装技术，让他在工地帮着施工，帮助他解决了生活来源问题。在继母的儿子结婚时，所有的房屋装修、被褥、窗帘等房内用品置办，找车辆买东西，迎来送往，都是李振月帮助完成的，为此，李振月哥儿俩前前后后拿出六七万元。要知道，在当时的农村，六七万元也是个不小的数目了。继母的女儿结婚时，他们又当亲妹妹一样陪送了五千多元的电脑等，风风光光将继母的女儿嫁了出去。

有人夸赞李振月夫妇孝顺，李振月谦虚地说："人家孔繁森对藏族老人都能悉心照顾，我照顾自家继母有啥好夸的。"

四

"每对夫妻都有两个父母，妻子孝顺自己的父亲，自然我也要孝顺岳父岳母，一个女婿起码要顶半个儿啊。"李振月说。

提起李振月，认识他的老一辈的人无不竖起大拇指，称赞他不仅是个好儿子，更是一个好女婿。

"都是父母，我理应一样对待。"给自己的父亲在聊城买了楼，李振月在征得妻子同意后，也为岳父岳母在堂邑镇买了住宅楼，不但水电气暖齐全，而且还为他们把住宅楼房装修好，购置了洗衣机、彩电等，让老人拎包入住，解决了岳父岳母在农村没有暖气等生活不方便的问题。逢年过节，李振月始终叮嘱妻子，给双方老人买一样的礼品，不能厚此薄彼。2005年，在给自己的父亲购置了一辆摩托车后，李振月又接着为岳父岳母安装了一台空调。

有人问李振月，为什么对岳父岳母如此好？他总是笑笑说："岳父岳母一把屎一把尿地把女儿拉扯起来，不容易，闺女养这么大，却嫁给了我，我不对岳父岳母好行吗？再说，我也要让妻子在娘家说话硬气，让别人说她这个女儿没白养。"

李振月的岳父今年73岁，提及女婿，老人用左手竖起大拇指，努力说出了一个"好"字。2009年，老人因突发脑血栓导致右侧肢体丧失活动能力，生活不能自理。那时，李振月每天给岳父擦洗喂饭、翻身喂药、换洗衣物、端屎端尿。在他和家人的努力下，李振月岳父的身体逐渐恢复，不仅可以坐起来，而且还能自主进食，一瘸一拐地走路了。

逢年过节，李振月再忙再累，也要把双方父母聚在一起，为老人做上一顿可口的饭菜，全家人欢聚一堂，其乐融融。

上了岁数的老人，由于家住农村，一生操劳，身体落下了多种疾病，只要身体感到不适，不管是谁，李振月总是尽最大努力赶到他们身边，跑前跑后陪着他们去医院做各种化验检查。老人生病住院，穿衣、洗漱、喂饭、按摩等护理工作李振月总是亲力亲为，让老人们吃好休息好，使身体尽快康复。

"中国人有句古话说得好，'家和万事兴'，正所谓有家才有国，家是缩小的国，国是放大的家，家庭兴旺自然国家强盛。"对于自己的家风，李振月认为："家庭如圃，孩子如苗。家风如雨点，随风潜入夜，润物细无声，一个好的家风也可以让孩子很好地成长。"一个和睦的家庭就是一方肥沃的土壤，每个成员都会幸福地成长；一个幸福的家庭就是一束温暖的光，传播着希望与力量。

"爸爸妈妈用实际行动诠释了百善孝为先，我们一定要像他们一样孝敬好长辈。"李振月的女儿李佳诺说。家风传承，孝润心田。在李振月夫妻的言传身教、耳濡目染之下，一双儿女也成长为积极乐观、正直善良的人，他们从小就懂得孝顺老人，不仅帮忙做家务，对老人更是关爱有加。上高一的女儿和就读小学的儿子，一有时间就陪爷爷奶奶聊天，到了节假日总想着去看望姥爷姥姥，帮助老人做些力所能及的事情，生活中的点点滴滴都散发着爱和温暖。

家是最小国，国是千万家。家是一盏明灯，在这个和谐幸福的家庭里，没有太大的房间，没有华美的装修，有的却是浓郁的家国情怀、淳朴的家教家风。多年来，他们在平凡的生活中传递爱心，传播正能量，以实际行动诠释孝道真谛，传承良好家风，引领社会风尚，诠释着新时代文明家庭的深刻内涵。

第七章　新梦想·心启航

青春由磨砺而出彩，人生因奋斗而升华。在这个时代，每一个有想法、有创意的梦想都值得去实现。在李振月看来，新时代是奋斗者的时代，有梦想就要勇敢去追，总是等待更好的时机，往往会错过最好的时机。

终圆大学梦

"我做梦也没想到，我这个初中还没毕业的农民工，在不惑之年还能步入大学的校门，成为大学生，进行脱产学习，而且和来自全国各地的劳模同学们共同学习。我心中的大学梦终于实现了！"20多年来，李振月从辍学到打工，风风雨雨走过来，上大学的梦离他越来越遥远，真没想到……

李振月永远忘不了那个令他兴奋、激动、紧张的时刻。2020年3月，在中华全国总工会、山东省总工会和公司的支持下，李振月走进中国劳动关系学院劳模学院，踏进了他梦寐以求的大学殿堂，佩戴上中国劳动关系学院的校徽，实现了大学梦。面对园林式的校园，面对熟悉又陌生的教学楼，他像在做梦，但一切又那样真实，他激动得流下了泪水。

一

"大学是梦想起航的地方，我想再出发，到达更远的远方！"李振月对学习有强烈的渴望，对未来有更大的期许。这种内生的力量，让他眼里有光，心中有火。

参加工作24年后重新拿着纸笔上课，李振月又激动又有些难以适应，光是如何操作线上听课的软件就折腾了好半天，更不用

⊙ 2020年，李振月在中国劳动关系学院

说在计算机课堂上。他感受到了科技对学习、工作和生活的积极影响，更加珍惜学习的机会。

李振月决心把干工作的那股子劲儿用在学习上，如同海绵一样，在知识的海洋里，尽情地汲取着丰富的养分，不放过每一次可以学习提升的机会。

坐在大学宽敞明亮的教室里，李振月怀揣着一颗对知识无限憧憬的心，感受那久违的书香和宁静。他严格要求自己，全神贯注地听、仔细地记，潜心思考，认真聆听老师深入解读政策法规，不时举起手机拍照留存课件，努力向老师和同学们求教，每门课都尽自己所能学得认真、扎实，生怕漏掉重要环节，并及时消化每一个知识点，让自己掌握的知识进一步细化、系统化。由于自己起点低、基础差，李振月需要付出更多的努力。他每天执着地练习英语，他要把丢了多年的英语单词再次捡起来，把单词制成卡片，走哪儿背哪儿，并努力跟上同学们的学习进度……

课堂外，他认真思考，虚心向每一位任课老师请教，诚心与每一位同学交往，认真研讨交流，并利用休息时间泡在学校图书馆里，查阅资料，把学习内容和自身工作的实际相印证，找问题，寻差距，用阅读来填补自身的不足。他积极组织和参与学院的各项活动，如党支部主题党日活动、劳模宣讲团培训、专题学术论坛、趣味运动会……

二

"我特别愿意听老师们分享他们最新的学术观点，感觉自己的思维边界在不断拓展，原来脑子里的一些固化的想法，也会快速被新理念所替代。"李振月表示。在新时代背景下，他会把这些新理念与机电安装事业结合起来，继续推动安装模式的创新。

两年的大学校园生活，让李振月收获了知识、力量、友谊。李振月聆听了很多场高水平的学术讲座，拓宽了视野，增长了见识；课堂内外，观念激荡，他敞开心扉饱吸着新鲜的理念，努力地向前奔跑着，向上攀登着。

在疫情防控时期的特殊教学中，李振月主动承担了课代表的责任。特别是作为人力资源课代表，他每周日都要将本周的各科学习情况、进度以及遇到的问题整理汇总上报给班主任，保障了教学的顺利开展，成为老师和班主任的得力助手，成了同学们的学习榜样。对于年龄较大、使用电脑学习困难的同学，李振月还与班主任一起帮助辅导，使得上半年的学习没有一名同学落下。

在学校，李振月深得同学们的信任，顺利当选为2020级劳模班的党支部委员。开学时他总是第一个到学校，提前领好学习用品，分好后放到每个同学的宿舍；放假时他又是最后一个离开，帮助路远的同学打点好行李，并护送到车站……这一坚持就是两年。同学们表示，如果每天看不到李振月的微信提示就不踏实，睡不着觉。李振月说："从大家身上深切感受到了劳动模范的优秀品质，也认识到了自己的不足，这成为我在学校更加努力学习、努力为大家服务的动力源泉。"

两年，李振月用自己的实际行动换来了一个个光荣的称号，他成为"2020年度优秀学生""2020年度优秀学生干部"和劳模宣讲团"优秀宣讲员"。

三

"我感到非常荣幸能加入这样一个优秀的团体当中学习和生活。在劳模本科班里，我认识了很多各行各业的优秀劳模同学，以及给我们上课的优秀老师，他们每个人身上都有值得我学习的亮点和精神，使我找到了自己的不足，看到了明日的曙光和对未来生活的希望，树立了更加明确的奋斗目标。"李振月感慨充实而美好的大学生活。

来自全国各地不同行业的劳模，他们的背后，都有一部奋斗史，他们每个人身上优秀的品质、成长经历和独到之处，李振月都用心观察、虚心求教。茶余饭后，他积极与同学们交流学习，分享自己的成长经历。李振月从他们身上学到了很多积极向上、充满正能量的东西，使他的知识水平、思想境界、工作能力等方面都有了很大的提升，不但收获了知识，而且收获了同学间的友情。

在这所流淌着红色基因的学校里，无论是对待工作还是对待学习，李振月都是十二分的投入。他一边学习，一边思考如何将学到的知识带回去，运用到工作实践中，改进工作方法、提高工作效率。

李振月始终心系机电安装事业的发展，在不断为自己学习、充电的同时，他还经常通过热线电话、微信分享、劳模读书角等形式，第一时间传达"北京声音"，与工友们分享学习收获，激励更多的工友学习。

"你已经是一名大学生了，而且是全国劳模班的学生，理应要有更大的格局和眼界，这样才能看到更大的世界！"这是李振月在大学学习期间对自己的严格要求。每个星期天或放假期间，李振月就会出现在聊城机电安装的工地上，将所学知识与实践结合，高标准谋划工作，高质量开展施工，其独到的见解，受到公司领导的认可。

这段求学经历让李振月感到美好。有历练、有思索、有改变，不仅是一段经历，一个学习的过程，更是一次人生的思想洗礼。通过学习，李振月将自身的工作实践上升到了一定的理论高度，他明白了如何把劳模精神转化为勇于担当的强大动力，把学习效果转化为谋划工作的具体实践。学习让他的思维变得更加多元化，满满的都是收获。

让人生更有价值

一

"李振月劳模的分享，向在座的师生们生动诠释了劳模精神、劳动精神和工匠精神，展现了新时代职工昂扬向上的精神风貌，在场的老师和青年志愿者们无不从全国劳模亲口诉说的经历中感受到大国工匠精神和劳动情怀。"中国劳动关系学院团委主持会议的领导对李振月的宣讲给予高度评价。

2020年10月22日下午，"大国工匠面对面"系列活动——

"劳动育人，匠心筑梦"劳模事迹分享会在中国劳动关系学院北京校区致远楼会议室举办。李振月用自己的亲身经历、成长故事、成长感悟生动地讲述了他不忘初心、爱岗敬业、无私奉献的先进事迹，分享了他从一个普通农民工到走进人民大会堂领取全国五一劳动奖章这一路的心得与感悟。他用自己最真实的故事、最真诚的语言，为在座的师生们奉上了一场属于劳动者的精神盛宴，深深打动了现场所有师生的心，赢得在场师生的阵阵掌声。

成为一名宣讲员，源自李振月一个朴实的想法。

为进一步延伸劳动教育，弘扬劳模精神、劳动精神、工匠精神，发挥"劳动模范在校园、大国工匠在身边"的优势，中国劳动关系学院劳模学院决定成立劳模宣讲团，让大家报名。

李振月感觉这是一个机会，是一个提高自身综合素质、展示自身形象的有效途径，他想以此为契机，让更多的人了解劳模精神、劳动精神和工匠精神；让自己在宣讲中锤炼本领，成为一个精神富有的人，成为一个有知识、有情怀、有担当的青年传播者。出于这个朴实的想法，李振月积极报了名，很快被聘为中国劳动关系学院劳模学院劳模宣讲团宣讲员。

"斜杠人生"是时下流行的活法，因为可以尝试更多的可能性，品尝不一样的人生滋味，李振月就是这样一名不折不扣的"斜杠青年"，并视宣讲为自己未来的一项重要工作。

这不是矫情，而是源于内心清醒的自知。李振月获得的全国劳模、大国工匠的称号固然珍贵，但他不能永远征战在机电安装事业的战场上。如果他扮演好宣讲员这一角色，那么他培养出的优秀人才，就可能不止一个人，而是一群人、一支队伍。

⊙ 2020年10月，李振月（中）在中国劳动关系学院给大学生宣讲

二

"宣讲者讲的内容充实而有激情，才能感染他人，才能使不同人群相信我们所讲的内容，认同我们的工作，宣讲工作才能取得良好效果。但要想给别人一碗水，我自己必须要有一桶水才行，我只有自己在台下想清楚了，才能在台上给别人讲清楚了。"在平时的宣讲中，李振月觉得要把课程讲好，收到好的效果，必须做到"三心"。

用心备好课。李振月常说："'仓中有粮，心里不慌'，自己心里有，才能感到踏实，有底气、有思路、有观点、有主见，也为上好课奠定良好的基础。"因为李振月是省党代表，而且是主席团成员，他深知将党和国家的政策理论学深、学透的重要性。为此，他反复研读《习近平总书记重要讲话文章选编》等书籍，并认真记录重点、要点。为了能够更有针对性地传递党代会精神，每次宣讲前，李振月都会反复修改完善宣讲内容。而且他坚持每天看新闻，不断更新大脑中的知识库存，提高自己的宣讲能力，及时调整宣讲内容。"其实每次准备宣讲，都是我再次学习的机会，帮助我更加深入地理解党的精神。"李振月说。

用心讲好课。为了推动宣讲入脑入心，让不同群体听得懂、听得进、好接受，李振月反复斟酌打磨讲稿的结构、内容、语言、事例，扎实练习演讲技能，尽最大努力用普通话讲课，而且用不同群体的语言讲不同群体关心的问题，通过摆事实、举实例、讲道理，入情入理地将党的理论和政策，将劳模精神、劳动精神、工匠精神说清楚、讲明白，让不同群体都能理解、接受、

⊙ 李振月参加潍柴青年科技创新团队事迹报告会

自觉践行，并从中受益。

用心做示范。讲课的过程是一个言传身教的过程，只有自身过硬，正其身、修其德，依靠自身的人格魅力才能使大家口服、心服、信服、佩服。近年来，李振月没有把宣讲工作格式化、场景化，而是因时、因地、因人开展工作，他结合新时期工作、形势政策宣传教育和党员素质的要求以及他本人的学习、思考、工作经历、人生感悟，在党员会议上，他按照对党员的标准要求来宣讲；为工人代表宣讲时，告诉大家怎样传承和践行"三种精神"，做一个爱岗敬业、勤奋工作、锐意进取的时代新人；为学生宣讲时，他结合其生活实际讲述，帮助青少年"扣好人生第一粒扣子"。

三

"我将努力成为一束光，积极履行全国劳模和大国工匠的职责，走近群众、走近工友，力争让劳模、劳动和工匠精神在社会各界传达到位，让他们和我一起感受国家对我们产业工人的鼓舞和支持，共同在党的精神的指引下埋头苦干、再创佳绩。"李振月说。

"自我加压、自我审视，才能得到突破与成长。作为来自一线的劳模代表，我深受党和人民的鼓舞，也深感责任重大，我们这些产业工人只有耐心细致制造精品，将工匠精神深植于工作的每一个环节，具体到自己本职工作的每一个步骤，才能让自己的成果不只是冷冰冰的建筑，而是一项项'艺术精品'。"2021年4月，在山东建设工会举办的"学党史做先锋，劳模在行动"工地宣讲活动中，李振月在回答现场工友李端刚的问题时说道。

"听了李振月劳模的宣讲，我的心情很激动，我也要向李振月劳模等先进人物看齐，学习他们的勤奋钻研、不怕吃苦的精神，从平凡的岗位做起，精益求精完成自己的每一项工作，用负责和敬业之心做好本职工作，用奋斗和奉献精神为新时代书写最美的华章，在平凡岗位上创造不平凡的业绩。"一线建筑工彭亮说。最是平凡动人心，李振月的宣讲非常成功，一线建筑职工反响强烈，激励了广大建设职工勤奋工作、锐意进取。

"连初中都没毕业的我，用努力和汗水站上了建筑业大国工匠的领奖台，明天的你们一样也可以。"面对面的倾听、心连心的交流，有力传递了"用劳动托举梦想、用奋斗书写华章"的榜样力量。李振月还经常用"过来人"的经验为未来的工匠们"卸包袱"，一度陷入迷茫的学员刘立伟就是在李振月的帮助下走出低谷的，并在全省技能比赛中勇拔头筹。

2021年4月21日，山东工程技师学院邀请李振月在学生活动中心作"弘扬劳模精神、劳动精神、工匠精神"主题报告。李振月用朴实的语言、真挚的感情，从不同角度讲述了自己从一名只有初中学历的农民工，靠着"不服输"的精神，不断学习，努力工作，刻苦钻研，逐渐成长为劳模工匠的心路历程和精彩与感动，展示了一名共产党员、劳动模范在经济社会建设中担当作为、履职尽责的精神风貌。

这次该院近千名师生代表现场聆听了李振月的报告，其他同学则通过校园直播系统和手机客户端观看直播。听完报告后，大家纷纷表示，要时刻以榜样的力量鞭策自己，扎实工作，开拓进取，积极弘扬劳模精神、劳动精神和工匠精神，努力为学院高质量发展贡献智慧和力量。学生们更是受到鼓舞，纷纷表示要传承和践行"三种精神"，用勤奋的双手描绘人生缤纷的色彩，用拼搏的汗水书写无悔的青春！

"我对李振月很敬佩，每一次发出邀请，都会得到他热情的反馈。他以诚待人，从不回避辛酸的往事，帮助后辈少走弯路，用知识和实干来充实自我。听他分享故事，就像给自己的人生打开了一扇窗，看到了不一样的东西，听到了不一样的声音，能让你思考、觉悟，动力满满。另外，李振月通过踏踏实实地学习、努力，赢得了人们的认可。所以，不见得谁一出生就手握好牌，关键是你对事业、对人生持有何种态度。听完他的分享，我也找到了人生的方向。"回忆起李振月作的讲座，聊城小水滴读书会活动筹办者、普禾书吧店长李兴坤至今仍备受鼓舞。

"李振月劳模很真诚地分享工作、学习经验，这些经验积极向上、充满正能量。李振月的事迹就像一湾缓缓流淌的清泉，沁人心脾，在无形之中重塑着我的世界观、人生观、价值观。"聊城水城名师、开发区实验小学教师徐赞感悟深刻。

……

深厚的理论知识积累，不断更新的知识库存，朴素的语言，真挚的情感，让李振月的课堂内容常听常新、百听不厌。李振月通过"进企业、进工地、进班组、进学校、进机关"，结合个人的成长经历，多形式讲述劳模先进事迹、多层面传播工匠精神，分享他成长路上的苦与乐。创造过程中的激情与梦想，人生旅途中的收获与体会，将一粒粒劳动和匠心的种子播撒在成千上万的干部、职工、学生和一线产业工人的心中。

向着新的梦想出发

一

"社会主义是干出来的，新时代也是干出来的。希望你们珍惜荣誉、努力学习，在各自岗位上继续拼搏、再创佳绩，用你们的干劲、闯劲、钻劲鼓舞更多的人，激励广大劳动群众争做新时代的奋斗者。"

成绩属于过去，未来充满挑战。顶着全国劳模、"齐鲁最美青年"等头衔，李振月并未感到自满。那些沉甸甸的美誉，是巨大的压力，更是干好工作的责任和动力！为此，他始终保持清醒的头脑，始终牢记习近平总书记给中国劳动关系学院劳模们回信的殷殷嘱托，始终用总书记的教导鞭策自己，鼓励自己，特别是经过两年中国劳动关系学院劳模学院深造洗礼，他的思想上已有了脱胎换骨的变化，视野更加开阔了，他正在用更高的标准来管理自己、鞭策自己、重新审视自己，谋划自己新的发展之路。

"荣誉属于过去，未来任重道远。从事机电安装工作27年来，我获得了很多荣誉，也有很多发明创新。我始终在审视自己，我下一步应该做些什么，我还能做些什么？虽然我发现，许多事情不用刻意去思索，只要做一行，爱一行，做到择一事，终一生……"李振月认为，创新是一个企业发展的核心竞争力，作为新时代的产业工人，不仅要有力量，还要有智慧、有技术，能发明、会创新，下一步他仍要不忘初心，继续弘扬崇尚劳动、热爱劳动、辛勤劳动的劳动精神，弘扬执着专注、精益求精、追求卓越的工匠精神，密切关注机电安装行业、产业的前沿知识和技术进展，勤学苦练、深入钻研，持续创新，不断提高自己的技术技能水平，带领身边的工友快速成长起来，积极地做好本职工作，不断提高施工的质量，创造出更多的精品工程，为企业高质量发展蓄势赋能，做新时代的追梦人。

"梦想，不是做梦就能实现的，得干！实干才能成就梦想。任何人在取得了一定的成绩和获得相应荣誉的时候，都应该保持冷静的头脑，实事求是地分析自己所处的环境和拥有的实力，不进则退。"李振月对未来的发展之路充满信心。

二

志不求易，事不避难。奋斗不是口号，青春不是资本，人生就是赛场，需要不断奔跑，才能看到更远的天空。2021年3月7日，李振月因工作需要，被集团调整到山东聊建第四建设有限公司，仍为机电安装班的负责人。

"带出一个高技能人才，就等于把我的技能增长了一倍；多带出一批高技能人才，就等于给企业、社会留下了一笔宝贵财富。"奋斗定义未来，实干开启征程，新时代是担当者、奋斗者的时代。站在新的赛道上，李振月清楚高技能人才以匠心追梦，以技能报国，是我国人才队伍的重要组成部分，是支撑中国制

⊙ 2022年7月，李振月（前排右四）被授予"水城英才"荣誉称号

造、中国创造的重要力量。打造高素质技能人才队伍是实现高质量发展的重要议题，而时代也正在给予高技能人才地位和尊重，全方位加强新时代高技能人才队伍建设。李振月认为，大国工匠最需要的是精益求精的"工匠精神"，他决心珍惜荣誉，并以此为起点，不忘初心，继续弘扬爱岗敬业、争创一流、甘于奉献的劳模精神，拿出真招、实招、硬招，不断发现人才，选好坯子、搭好台子、架好梯子，用心浇灌，将自己的这份"匠心"传承下去，多带徒弟，带出好徒弟，激励带动更多工友从"多技能型"员工向"智能型"员工转型，争当全国劳动模范、大国工匠、技术能手，实现个人价值和社会价值的完美结合，为高质量发展夯实高技能人才基石。

2022年7月27日，李振月被聊城市委、市政府授予全市首届"水城英才"荣誉称号，并进行隆重表彰。"水城英才"推荐评选活动是聊城市首次举办，市委宣传部、教育体育局、市人力资源和社会保障局等部门按类别组织开展，包括产业创新类、科技创业类、经营管理类、产业技能类等9个类别，每个类别评选出1至3人，共计24人。产业技能类"水城英才"全市仅有3人，李振月以第一的位置名列其中。

荣誉装在心里，责任扛在肩上。步出会场，李振月激动的心情久久不能平静。他决心锚定机电安装事业高质量发展的航向，以表彰大会为更高起点，以领导关怀勉励为动力，以一往无前的战斗姿态、风雨无阻的精神状态、永不懈怠的赶考心态，迎难而上、主动应变，心无旁骛、苦干实干、劈波斩浪，筑梦机电安装蓝海，创新中育先机，变局中开新局，不断超越自身，向更高的目标去实现自己的人生价值，为建设新时代现代化"六个新聊城"谱写壮丽新篇。

三

2022年10月17日，通过媒体报道，看到习近平总书记参加党的二十大广西代表团讨论时，与来自广西汽车集团的郑志明代表对话的场景，李振月眼眶一热。

"虽然我不在现场，但能感受到总书记对我们产业工人的重视，心里感到无比温暖。"那些天，李振月一直在关注着党的二十大。"坚持尊重劳动、尊重知识、尊重人才、尊重创造"，总书记在报告中提到的"四个尊重"，更让李振月深刻感受到党的伟大和国家富强为广大产业工人带来了更高的社会地位和更强的职业荣誉感，他深受鼓舞，倍感振奋。面向未来，他更加有信心、有动力，决心继续用勤劳汗水书写新时代产业工人和工匠的使命担当，向更高、更好、更精的方向奋力攀登。

"新时代的伟大成就是党和人民一道拼出来、干出来、奋斗出来的""在全社会弘扬劳动精神、奋斗精神、奉献精神、创造精神、勤俭节约精神"……党的二十大报告中，这些振奋人心的话语，更让李振月感到，二十多年坚守机电安装一线的所有努力，都是值得自豪的。

技能是强国之基、立业之本。作为一名新时代的劳模、大国工匠，李振月决心干在前、做表率，以真抓实干的姿态，把党的二十大精神贯彻到具体工作中，做机电安装创新的先锋，带领班组工友勇于担当、积极作为、追求卓越，开展技术瓶颈突破、产量提升拉动、一线帮产等系列活动，真正把学习、宣传、贯彻党的二十大精神转化为推动公司高质量发展的强大动力，在全面建设社会主义现代化国家的火热实践中贡献工匠力量。

2022年10月16日，李振月怀着激动的心情聆听了党的二十大报告。"听完之后我很受鼓舞，生逢其时，党和国家给了我无比坚定的信心。我将时刻牢记习近平总书记的殷殷嘱托，在今后的创业道路上勇毅前行。"他表示自己会把学习贯彻党的二十大精神作为当前和今后一个时期的首要政治任务，在学习、把握、落实上下功夫；立足本职，坚持知行合一，在提质增效、创新创效工作中主动担当作为、贡献智慧力量；把党的二十大精神焕发出的巨大热情，转化为推动班组高质量发展的强大动力。

"为者常成，行者常至"，历史不会辜负实干者。在李振月看来，新时代是奋斗者的时代，在这个人人皆可出彩的大舞台上，只要你有愚公移山的志气、滴水穿石的毅力，挺膺担当，有求真务实的心态，不驰于空想，有昂扬奋进的姿态，不骛于虚声，每个人都能不负时代，不负华年，都能唱响圆梦之歌。

青春由磨砺而出彩，人生因奋斗而升华。每一个胜利的终点，都是新征程的起点。李振月正向着新的梦想出发，执着且坚定。我们相信，在李振月的带领下，山东聊建第四建设有限公司的机电安装班，将继续弘扬劳动精神、劳模精神、工匠精神，在公司腾飞的东风中，乘势而上，展翅翱翔；在时代的大背景下，快速抵达星辰大海的明天。